Adiós al jefe

Adiós al jefe

O por qué crear tu propio negocio es más fácil de lo que piensas

LUKE JOHNSON

Traducción de Emma Fondevila y Emilio G. Muñiz

conecta

Título original: *Start it up*

Primera edición: noviembre de 2011

Printed in Spain – Impreso en España

ISBN: 978-84-939145-5-4
Depósito legal: B.33.986-2011

Compuesto en IT's Gràfiques, S. C. P.

Impreso en Novagrafik
Polígono Industrial Foinvasa
c/ Vivaldi, 5
08110 Montcada y Reixac (Barcelona)

Encuadernado en Reinbook

C N 1 4 5 5 4

Para Daisy, Felix y Ralph,
sin duda mis mejores emprendimientos

Todo lo que el hombre consigue es fruto del atrevimiento.

HERODOTO

Índice

3. CUESTIONES DE ESTILO

4. LA BÚSQUEDA DE CAPITAL

5. Fórmulas

6. El ciclo

7. Los empresarios en general

Prefacio

Este libro está dirigido a todo aquel que en alguna ocasión haya pensado en poner en marcha o en comprar una empresa. Interesa tanto a los emprendedores solitarios como a quienes dirigen grandes compañías. Es para todos los soñadores que desean controlar su propio destino y, de paso, amasar una pequeña fortuna… o una inmensa.

Adiós al jefe no es un manual exhaustivo al estilo de un libro de texto. Me limito en él a ofrecer consejos prácticos, pero lo que realmente pretendo es inspirar al lector para que se decida a crear una empresa. Las posibilidades son infinitas. Cada vez que conozco a alguien que gestiona su propia compañía o leo la biografía de un emprendedor, quedo fascinado por las circunstancias azarosas que lo llevaron a ser su propio jefe. El recorrido casi nunca está planificado: no se trata de una carrera profesional con una estructura y un conjunto de requisitos que hay que cumplir, como sucede con la medicina o la arquitectura; antes bien, son los empresarios quienes crean su propia carrera al ofrecer algo nuevo que los clientes están dispuestos a comprar y que a ellos les reporta un beneficio. En ocasiones, ese producto o servicio es auténticamente innovador, pero a menudo consiste en una oferta convencional pero con una distribución mejor, a menor precio o en un lugar diferente.

Los hay que se conforman con ser independientes y no tener empleados a su cargo. Otros son más ambiciosos y quieren fundar una empresa de mayor envergadura. Sea cual sea su intención, la vía que han escogido no tiene visos de ser el camino más fácil, aunque muchos emprendedores sentirán que les ofrece más emoción y satisfacción que un tedioso puesto de trabajo por cuenta ajena.

Creo que los emprendedores son los héroes ignorados de nuestra época. Generan los puestos de trabajo y los impuestos que permiten que nuestra sociedad sea civilizada. Se arriesgan a sufrir una bancarrota, o puede que a trabajar cien horas a la semana con muy pocos beneficios. Se enfrentan a las recesiones, a las regulaciones y a la competencia para satisfacer nuestras necesidades. Rindo tributo a sus esfuerzos, a su ingenio y a su entrega. Este libro está dedicado a ellos, porque sin dinamismo y sin ideas audaces todos seríamos inmensamente más pobres. Espero que uno o dos de estos capítulos contribuyan a motivar y a guiar, de algún modo, a los batalladores empresarios de nuestro tiempo.

Primera parte

Los comienzos

De entrada, unos cuantos fracasos

Empezaré por unas cuantas nimiedades, pequeñeces tales como el fracaso, la ambición, el dinero, la felicidad y el éxito.

A medida que voy haciéndome mayor más me interesa el verdadero significado de estas palabras y más difícil me resulta definirlas.

Comencemos con «fracaso». Ahora prefiero la palabra «revés», que tiene resonancias más positivas. Sea como sea, y llámese como se llame, he tenido mi cuota de fracasos en los negocios. Todo el que diga que jamás ha cometido un error o que no ha sufrido un revés o bien miente al negarlo, o bien está a las puertas de darse un buen batacazo.

La mayor parte de los empresarios prefiere hablar de sus éxitos. Esto es natural y saludable: es probable que, en el fondo, todos los empresarios sean optimistas y crean en un futuro más prometedor.

No obstante, resulta curioso que los ejemplos más útiles en la vida provengan de aquello que no funciona. Así se aprende a hacer frente a las adversidades, pues capeando las dificultades es como uno se hace más fuerte y está más preparado —al menos, es de esperar— para capear el siguiente temporal.

Por eso pensé que por una vez sería mejor empezar este libro sobre cómo fundar una empresa indicando algunas de las formas en que no se debe hacer y señalando otras que deben evitarse a toda costa. Lo que sigue son unas cuantas de las lecciones comerciales más dolorosas que he aprendido en las dos décadas largas que llevo en la brecha.

Estos son algunos de los errores empresariales que he cometido, aunque no todos, lamentablemente. Para no poner a nadie en una situación embarazosa y evitar posibles acciones legales, no revelaré el nombre de las compañías en cuestión, pero todos esos errores sucedieron y tuvieron un coste, al menos para mí.

Uno de los primeros fue una empresa del mundo del espectáculo. De hecho, fue todo un catálogo de errores. Me fié de las cuentas publicadas, pero, por desgracia, los libros estaban falseados: los beneficios y los activos se habían exagerado, y los pasivos, subestimado. El socio auditor hacía también las veces de director no ejecutivo, lo cual es posible que tuviera algo que ver con ello. Y lo que es peor aún, no me di cuenta de que la empresa dependía peligrosamente de un número reducidísimo de clientes, uno de los cuales no tardó en llevarse sus negocios a otra parte.

Yo había invertido justo antes de una recesión, pensando que el negocio era sólido, pero los ciclos económicos superan con mucho a cualquier empresa o actividad.

Todos pensamos que somos brillantes cuando las cosas van bien, pero un descalabro acaba con cualquiera. Es solo una cuestión de grado.

Otra experiencia que nada tuvo de satisfactoria fue un negocio de automóviles. Era una empresa con un único producto, pero colocamos al frente a un director general que procedía de otra mucho más grande: craso error.

Llegó con expectativas de secretarias, coches de empresa, directores financieros, viajes en primera clase… y todo lo demás.

Lo que menos hizo fue dirigir realmente la empresa. Había llegado tan alto que se le habían olvidado cosas tales como cerrar una venta, leer un balance o negociar con los proveedores.

Un tercer caso desafortunado fue mi participación en una empresa de construcción. No me di cuenta de que el director general estaba al borde del colapso nervioso como consecuencia del alcoholismo que sufría su mujer.

Escondía las facturas en los cajones y hacía la vista gorda al fraude generalizado que era moneda corriente entre sus subalternos. Un panorama nefasto para una empresa de construcción de gran volumen y escaso margen.

Y a continuación sucedió lo del restaurante en el extranjero.

Estados Unidos es un lugar estupendo para que un restaurador británico pierda grandes sumas de dinero. Yo tuve ocasión de comprobarlo en Nueva York hace unos años cuando se me ocurrió la tonta idea de abrir allí una sucursal de nuestra cadena belga de alimentación, Belgo.

Nuestro restaurante tenía un aspecto fantástico, la comida y el servicio eran excelentes, pero el proyecto estuvo condenado al fracaso desde el principio. Como mal presagio, los dirigentes de un sindicato de Manhattan instalaron una gigantesca rata inflable ante el restaurante antes de que abriéramos, y todo por no haber empleado a obreros del sindicato en la construcción del local. Nos equivocamos en el cálculo de los costes, y no acertamos con los gustos de la clientela, ni con los precios ni con el personal.

Tampoco valoramos debidamente la situación financiera de nuestro socio en la empresa conjunta, que no tardó en ir a la quiebra. Cometimos un error garrafal al infravalorar lo competitivo que es el negocio de la restauración en otros países y descubrimos, atónitos, lo precarios que son los beneficios en ese sector en Estados Unidos en comparación con los de Reino Unido.

Fue una experiencia realmente aleccionadora, y cara… a pesar de la gran cantidad de cerveza belga que vendimos.

A comienzos de los años noventa ayudé a un par de jóvenes emprendedores a comprar una fábrica de hornos llamada Pavailler radicada en Valence, Francia, por la simbólica suma de un franco. Era una empresa importante, si bien daba unas pérdidas del diez por ciento para el que en ese momento era su propietario, APV.

Propusimos una reducción notable en la estructura de la empresa para conseguir que la operación resultara rentable, pero cuando presentamos los planes a los representantes del sindicato local quedó claro que nos arrestarían y nos meterían en la cárcel en caso de emprender una acción tan descabellada.

Es triste admitirlo, pero ninguna de estas historias tuvo un final feliz. No obstante, he conseguido sobrevivir a todos estos tropiezos y sigo adelante con paso firme.

Seguro que habrá más decepciones, pero me gustaría pensar que mi media ha mejorado con los años. Tiene que ser así. Presumo que mi actitud habrá servido a la hora de demostrar que para progresar es preciso experimentar siempre; de lo contrario, puede que nunca se llegue a descubrir qué es lo que funciona. En tiempos como los presentes, cuando la seguridad es lo que cuenta y hay una tremenda aversión al riesgo, puede parecer que los aspectos negativos de un fracaso son siempre peores que las ventajas de un triunfo. Sin embargo, esa actitud lleva al estancamiento, en especial para el emprendedor en ciernes, quien siempre puede optar por la salida menos arriesgada, que es aceptar el trabajo como viene. Y no soy el único que ha tenido su cuota de fracaso: todos los amantes del riesgo han pasado por problemas de uno u otro tipo.

Frank Mars, el fundador de la empresa de golosinas que lleva su nombre y que es actualmente una de las mayores corporaciones privadas del mundo, quebró dos veces antes de dar con la fórmula de la chocolatina Mars.

John Nash, el gran arquitecto responsable de la construcción de Regent Street y del Brighton Pavilion entre otras muchas obras, sufrió una bancarrota tras otra durante quince años antes de tener éxito. Con talento y perseverancia, consiguió que se reconociera su genio. Sus edificios y sus parques son monumentos permanentes a su capacidad para reponerse y volver a empezar.

Richard Branson cuenta que en los comienzos de su aerolínea Virgin Atlantic tuvo problemas financieros y que un sábado por la mañana, al llegar a casa, se encontró en la puerta con el director del Coutts Bank, que estaba allí para exigirle la devolución inmediata del monto total del descubierto de Virgin.

> *Dadme en todo momento el error fructífero, lleno de simiente, del que emanan sus propias correcciones, y os regalo vuestra estéril verdad.*
>
> VILFREDO PARETO,
> de la famosa regla 80/20

Esto podría haber significado el cese de su negocio, pero Branson estuvo las veinticuatro horas siguientes pegado al teléfono y el lunes por la mañana devolvió el dinero al banco.

Un caso similar es el de Jimmy Goldsmith, quien al comienzo de su carrera como fabricante de productos farmacéuticos en Francia hubo de enfrentarse a la certeza de que su recién nacido imperio comercial estaba al borde de caer en un concurso de acreedores. Afortunadamente para él —no olvidemos que la empresa estaba en París— al día siguiente hubo una huelga bancaria, de modo que nadie pudo reclamar la devolución de sus préstamos y Goldsmith pudo aprovechar el tiempo para reunir dinero suficiente de muchas manos diferentes para mantenerse a flote y llegar a convertirse, con los años, en multimillonario, igual que Branson.

Como dijo el general MacArthur: «No hay seguridad sobre esta tierra. Solo hay oportunidad». La clave es responder creativamente a la derrota sin rendirse nunca al desaliento. Abandonar es la tragedia suprema. Es preciso ponerse de pie cada vez que uno se cae, y trabajar con más ahínco. El desastre de hoy no tarda en olvidarse para dar lugar sin tardanza a nuevas posibilidades.

Estoy convencido de ello. Insisto ahora en esto porque la escritura de este libro es para mí una forma de alentar a los lectores a recorrer un camino que, para algunos, puede conducir a algo que se parezca mucho al fracaso, pero el único fracaso es no intentarlo nunca, y ningún revés tiene por qué serlo para siempre.

Es probable que a mí me esperen más fracasos, lo que nos llevaría a preguntarnos por qué los emprendedores están dispuestos a afrontar esa posibilidad. La respuesta debe buscarse, en parte, en la ambición sin límites.

La ambición: el sustrato primigenio

Thomas Dunn English, demócrata estadounidense del siglo XIX, dijo que la ambición es el germen del que procede todo lo noble. Quizá sea así, pero creo que más que un privilegio puede ser una maldición. Todo aquel que se ve impulsado por la ambición, tanto en el trabajo como en la vida, carga sobre sus espaldas con un mono que permanentemente lo empuja a intentarlo con más ahínco, a trepar más alto, a hacerlo mejor. No hay descanso.

La ambición es el impulso competitivo que existe desde tiempo inmemorial. Es el espíritu que ha alentado todas las grandes empresas de la humanidad: construcciones ciclópeas, inventos maravillosos, sorprendentes obras de arte, civilizaciones increíbles. Claro que el ambicioso no tiene descanso en su búsqueda de nuevos retos, de nuevas conquistas. No persigue llevar una vida tranquila y relajada. Tengo la impresión de que los tipos emprendedores no son fáciles de satisfacer.

Creo que uno puede elegir su destino en lo tocante a la ambición. Todo el que, por tradición o por bagaje, tiene fuego en las entrañas y un deseo ardiente de superación, es decir, de ser emprendedor, poco puede hacer por obviarlo. Como un poeta, debe rendirse al canto de sirena de la musa. El emprendedor puede controlar su destino mediante su carrera, pero no puede renegar de su personalidad.

Los conceptos elevados como el balance de toda una vida de trabajo pueden sonar atractivos para algunos. Volver a casa pronto cada día, desdeñar los ascensos y la responsabilidad, jubilarse cuanto antes mejor…, estas cosas les van a algunas personas. Pero no son para aquellos a quienes se dirige este libro. Si lo que se anhela es la excelencia en un cometido, entonces no hay más opción que luchar por el triunfo, a cualquier precio, en ocasiones.

La ambición es un ansia que nunca se sacia. Más bien su disfrute hace que se vuelva cada más ardiente y descontrolada.

THOMAS OTWAY

Cabría preguntar: ¿Ambición de qué? ¿Es que los emprendedores se afanan solo por conseguir el éxito, ya sea material, personal o social?

Es innegable que los emprendedores no hacen más que hablar de sus éxitos, de modo que no voy a aburrir a nadie con toda esa palabrería sobre los balances bancarios. En mi opinión, el verdadero éxito es mucho más profundo que la popular idea de logro, y más difícil de conseguir. Superado cierto punto, las ventajas de la fortuna no son más que un juego para mantener a raya el aburrimiento.

Para mí, el éxito tiene que ver con participar de una manera vital en algo que vale la pena, con cambiar las cosas y mejorarlas divirtiéndose al mismo tiempo. Tiene que ver con ser más un productor que un consumidor, con sentirse totalmente absorbido por la tarea, incluso por la lucha. Si su aventura emprendedora monopoliza su vida, considérelo un éxito parcial, con independencia de cuál sea el resultado final.

La mayor parte de los auténticos magnates de los negocios pronto caen en el olvido, y sus efímeros logros se desintegran mientras otros se disputan su patrimonio. Los que consiguen un éxito perdurable no dejan de lado el voluntariado ni la filantropía, no se olvidan de crear cosas, tienen siempre presente la decencia y el equilibrio, y se mantienen dueños y señores de su alma.

Obviamente, resulta más fácil decir todo esto que hacerlo, pero, se tenga o no éxito en el ámbito material, tengo claro que la vida del emprendedor es más extenuante que la prosaica y mera lucha por la subsistencia.

Basta ya de excusas… ¡En marcha!

Mis viajes me han permitido conocer a muchos emprendedores en ciernes. Algunos de estos personajes tienen en perspectiva la puesta en marcha o la compra de un negocio, pero parece que siempre encuentran motivos para no hacer nada. Sus excusas suenan convincentes, si bien, y a decir verdad, ninguna de ellas supera un examen minucioso.

La primera excusa de la lista suele ser la falta de capital. Para eso hay múltiples soluciones.

Mi primer negocio, que inicié cuando tenía dieciocho años, consistió en colaborar con un club nocturno de Oxford en el que, junto con algunos compañeros de estudios, promovía fiestas nocturnas temáticas; nosotros nos llevábamos la recaudación por las entradas, mientras que los dueños del local se quedaban con el importe de las consumiciones del bar. Para este tipo de operaciones no se necesita capital y suelen ser el negocio más conveniente para los que están empezando.

Otras situaciones pueden requerir de financiación, pero a menudo esta es menor de lo que creen los emprendedores. Me sorprende constatar, con frecuencia, que los restauradores que empiezan son capaces de montar sus negocios con casi nada, usando equipamiento de segunda mano y ayudando personalmente con el acondicionamiento, por ejemplo.

La mayor parte de las cosas pueden hacerse sujetándose a un presupuesto... si el sueño de una vida depende de ello.

Y siempre están los fondos propios: si los inversores profesionales no están dispuestos a proporcionarlos, existe todo tipo de bolsas de financiación tanto institucional como privada para un proyecto sólido, desde agencias gubernamentales hasta inversores providenciales.

Nunca ha sido fácil conseguir dinero de esas fuentes de financiación, de modo que hay que ser bueno... e insistente.

Howard Schultz, fundador de Starbucks, tuvo que hacer más de doscientas cuarenta presentaciones para recaudar la financiación inicial que le habría de posibilitar la puesta en marcha de su cadena de cafeterías.

Otro supuesto obstáculo son los ingresos: la gente se vuelve dependiente del salario fijo que gana trabajando por cuenta ajena, y es reacia a renunciar a él por la incertidumbre de la vida empresarial. Es cierto que muchos de los trabajadores por cuenta propia ganan menos de lo que cobrarían como asalariados de otros... y puede que dediquen más horas. Sin embargo, lo hacen por la libertad y la realización personal que les aporta, y porque no se resignan a renunciar a sus esperanzas.

Cuando tenía veintitantos años, trabajaba sin descanso. Cuando no lo hacía por cuenta ajena, me ocupaba de otros negocios los fines de semana y en las vacaciones, hasta que por fin me encontré en condiciones de liberarme y de convertirme en emprendedor a tiempo completo. En cierto modo, me habría gustado no demorarlo, pero me lancé a la piscina nada más salir de la universidad.

Reconozco que muchos tienen pesadas responsabilidades domésticas: una hipoteca u obligaciones familiares, por ejemplo. No obstante, todo lo que vale la pena en la vida requiere un sacrificio. La otra posibilidad es dejar pasar las oportunidades y lamentarlo durante el resto de la vida.

Una tercera razón que alegan los emprendedores en ciernes para no decidirse a poner en marcha una empresa es esperar a hacerlo cuando, un buen día, tengan una gran idea, cuando den con un concepto rompedor, totalmente formado y listo para el lanzamiento. El capitalismo no es así. La mayor parte de las empresas nuevas hacen algo bastante parecido a lo que hacen las demás: ofrecen servicios o productos ya conocidos y cubren una demanda definida, puede que con una mejora cuantitativa. No es necesario un invento espectacular para conseguir éxito.

Esos triunfos no abundan, y por lo general se consiguen después de muchos sinsabores. Lo que uno busca es una propuesta sólida que genere rápidamente ventas y efectivo, aplicando las aptitudes de cada uno, con unas características económicas que no nos resulten ajenas y dirigida a un mercado conocido.

El cuarto motivo es la aversión al riesgo. Para muchas personas el miedo al fracaso es superior al deseo de ganar. Los inicios pueden resultar un intento vano de hacerse con el premio, con la pérdida consiguiente de dinero, tiempo y autoestima que esto conlleva. Pero ¿sabe una cosa? Pocos se dan cuenta de ello, y casi no le interesa a nadie.

Nunca es el momento perfecto para iniciar el viaje, pero si alguien tiene ambición y está dispuesto a esforzarse, que no se ponga más excusas. Que salga de las tricheras y empiece a dar guerra.

Comienzos con una pizca de la natural preocupación

¿Cuál es la mejor apuesta, poner en marcha un negocio o comprarlo?

Esa es la primera de las grandes preguntas a las que debe enfrentarse un emprendedor en ciernes. Es una pena que sean tan pocos los que se la plantean realmente.

El mundo está encantado con la historia de los negocios de nuevo cuño. El auge de las empresas puntocom en los años noventa dio como resultado una cobertura obsesiva de las mismas, especialmente de las tecnológicas, de ahí que en la actualidad muchos de los emprendedores más jóvenes piensen que la única manera de introducirse en los negocios sea mediante artilugios o servicios recién inventados.

Nuestra mayor gloria no consiste en no caer nunca, sino en levantarnos cada vez que caemos.

CONFUCIO

No obstante, en igualdad de condiciones, creo que casi siempre es preferible comprar una empresa ya existente que poner en marcha una nueva. No hablo necesariamente de hacerse con una gran compañía de gran rentabilidad. Podría tratarse simplemente de invertir algo de dinero en el traspaso de un restaurante ya montado.

Reconozco que ese consejo tal vez no sea el que muchos lectores esperan (o quieren) oír de alguien que ha puesto en marcha varias empresas y también ha comprado otras. Pero es que a la larga, en muchas ocasiones resulta más fácil comprar un negocio.

Cuando se adquiere una empresa que ya está en marcha, suele heredarse la clientela, el personal, los contratos, las instalaciones, los proveedores, los productos y las marcas. Puede llevar años reunir todos estos componentes esenciales partiendo de la nada, y a veces se tropieza en el camino, en ocasiones con resultados fatales.

No hay que desdeñar la seguridad y la rapidez que aporta el traspaso de un proyecto que funciona.

En 1980, Bill Gates necesitaba imperiosamente un sistema operativo para los ordenadores personales de IBM, de modo que compró, por setenta y cinco mil dólares, los derechos exclusivos de un software ya existente, y volvió a registrarlo como un producto de Microsoft y lo vendió a IBM. Así nació el MS-DOS, precursor de Windows y origen de una de las mayores fortunas del mundo.

Los compradores pagan un recargo por rentas consolidadas, por tecnología probada y, a veces, por una oportunidad que los fundadores de una empresa no son capaces de ver.

Ray Kroc vendió equipamiento a los hermanos McDonald en su única hamburguesería de California. En la fabulosa fórmula de los hermanos, Kroc vio algo que ni ellos mismos habían visto, y se encargó de desarrollar el concepto y de conceder franquicias en otros lugares. Unos años después compró a los MacDonald la totalidad del negocio por dos millones setecientos mil dólares. No había pasado mucho tiempo cuando lo que Kroc adquirió valía ya miles de millones, conseguidos sobre la base de la idea de los McDonald y de la intervención de Kroc.

A menudo es necesario comprar una empresa que ya está en marcha para superar las barreras reguladoras que dificultan el acceso, como planos, licencias y cosas por el estilo.

Así, para explotar una mina o una cantera tal vez haya que conseguir la concesión y los derechos de extracción de minerales del propietario de los terrenos. Cuando me introduje en el campo de las clínicas dentales en 1996, tuvimos que adquirir una sociedad anónima del ramo, ya que, en aquel entonces, era la única posibilidad legal en Reino Unido para introducirse en ese sector sin ser dentista. En los años que siguieron, estos vehículos opacos multiplicaron por diez su valor al aumentar el número de interesados en su adquisición.

Puede que uno piense que no tiene capital suficiente para comprar un negocio. Según mi experiencia, si se encuentra una oportunidad realmente buena, de algún lado saldrán los fondos.

Se necesita cierto grado de credibilidad y de persistencia. El mundo está lleno de capital en busca de un rendimiento razonable, y conseguir respaldo para una empresa ya en marcha suele ser más fácil que para un proyecto que parte de cero. Los inversores veteranos saben que el camino hacia el éxito está empedrado de intentos fallidos.

Encontrar una empresa que valga la pena conlleva sus dificultades. Primero hay que elegir un campo y a continuación investigar a fondo. Hay que escribir, enviar correos electrónicos o hacer llamadas telefónicas en frío. Lo peor que puede pasar es que alguien le cuelgue a uno el teléfono.

También es preciso recurrir a todos los intermediarios posibles. Cada sector tiene sus especialistas.

Por supuesto que comprar lo que otro ha creado no siempre satisface el deseo de ser un auténtico innovador. En palabras del inventor Nikola Tesla: «Creo que nada conmueve tanto el corazón humano como la sensación que tiene un inventor cuando una idea nacida de su mente llega a convertirse en un éxito. [...] Semejante emoción puede hacer que un hombre se olvide de comer, de dormir, de los amigos, del amor..., de todo».

Es maravillosa esa sensación incuestionable de determinación y de pasión que transmiten los fundadores de un negocio. Sin ese idealismo resplandeciente, la sociedad no avanzaría.

Es cierto que, según se dice, muchos pioneros mueren arruinados. Resulta trágico advertir que muchos ideólogos de proyectos revolucionarios no llegan a obtener beneficios del fruto de su imaginación.

Charles Goodyear, conocido popularmente como el inventor del neumático, jamás recibió un céntimo de la Goodyear Tire Company. Su única retribución fue que le dieran su nombre a la empresa, y eso sucedió cuando hacía unos cuarenta años que había fallecido, después de no haber conseguido ganar el largo proceso legal por los derechos de la patente. Murió con una deuda de doscientos mil dólares.

Soy consciente de que carezco de la originalidad y del carácter obsesivo tan frecuente entre los emprendedores que se sienten obligados a poner en marcha empresas desde cero, por eso lo que me propongo es asociarme con ellos o invertir en negocios que hayan sobrevivido a los riesgos de los primeros años.

Esto podría achacarse a indolencia, impaciencia o a simple falta de sentimentalismo. Supongo que la experiencia me ha vuelto un poco cínico. He sido testigo de tantas grandes ideas que se quedaron en nada, y he perdido dinero en tantas de ellas, que doy fe de que la mayoría de las empresas nuevas solo tiene una posibilidad remota de éxito, digan lo que digan los planes de negocios.

Es cierto que si uno comienza con una hoja en blanco puede diseñar su propio sueño y, tal como dijo Robert Browning, «la ambición de un hombre debe ir más lejos de lo que puede alcanzar. ¿Para qué sirve si no la providencia?». Y siempre existe la posibilidad, a lo largo del viaje, de adquirir una empresa y sumarla al proyecto inicial.

Al lector que no quiera ni oír hablar de comprar una empresa, le recomendaría una solución de compromiso: busque activos en los que se haya hecho mucho pero todavía quede mucho por hacer. Esos proyectos ofrecen tanto oportunidades razonables como, también, la sensación de euforia y de propiedad que proporciona el proyecto iniciado desde cero.

El uso adecuado del optimismo

Como emprendedor en ciernes, usted debe ser consciente de que buena parte de las empresas nuevas fracasan en los primeros años, pero no puede preocuparse por eso en este momento. Debe mantener el optimismo.

El optimismo es el oxígeno necesario para el progreso: es mucho más que un estado de ánimo favorable. El optimismo enciende la confianza, y esta alimenta la ambición que, a su vez, impulsa la acción. Lleva a nuevos inventos, nuevas empresas, nuevos puestos de trabajo y un nivel de vida más elevado. Sin esta esperanza en el futuro, la existencia resulta gris.

El optimismo es una avidez elemental por la vida, una fuerza apabullante pero intangible. No puede entenderse fácilmente a través de la investigación científica, pero sin duda puede fomentarse o desalentarse, y a cada uno de nosotros nos corresponde, día tras día, decidir si queremos mirar hacia el futuro con esperanza o con miedo.

Las iniciativas importantes siempre requieren un salto de fe. Por lo general, observo que los que son excesivamente analíticos se esfuerzan por conseguir avances realmente significativos. Se centran tanto en los valles sombríos que se olvidan del potencial de las altas cumbres bañadas por el sol. Toda decisión importante implica un momento al borde del precipicio... ¿Se arriesgará a dar el paso o se echará atrás?

Es indudable que la emoción desempeña un papel determinante en estas cuestiones. La mayor parte de los emprendedores que conozco se creen dueños de una mente fría y calculadora, en especial a la hora de considerar pasos trascendentales como el lanzamiento de un nuevo producto.

Sin embargo, lo cierto es que cuando llega el momento crucial, los emprendedores, por su propia naturaleza, liberan su instinto animal y no dejan pasar la oportunidad. Al fin y al cabo, ningún trato es jamás un tiro fijo y toda innovación lleva consigo la posibilidad de una caída. Para las almas realmente emprendedoras, no obstante, el deseo de ganar supera al miedo de perder.

Es innegable que la descarga de adrenalina que se produce en los momentos álgidos puede inducir a un comportamiento temerario, pero los ganadores en el juego del capitalismo sopesan las oportunidades antes de lanzarse, contando con que podrán salir airosos incluso de un mal lance. Soy partidario de estudiarlo todo debidamente y de antemano, así como de tomar medidas juiciosas, dentro de lo posible, pero no debe buscarse nunca una certidumbre: si esperamos eso, jamás pasaremos de meros espectadores.

He tenido mis episodios de abatimiento, lo reconozco. Nada es más fácil que sumirse en la melancolía. Cuando no son los economistas agoreros, son los ecologistas los que nos llenan de desesperanza o, si no, los medios de comunicación, que no hacen más que difundir malas noticias.

Con todo, esas deprimentes predicciones no tienen en cuenta el aluvión imparable del ingenio humano ni el poder arrollador del pensamiento positivo. No puedo responder de ello, pero el entusiasmo, la fuerza de voluntad y el poder de la personalidad son capaces de impulsar hazañas notables.

Muchos han sufrido reveses en el camino hacia el éxito empresarial, pero solo hay dos cosas que el transcurso del tiempo no puede subsanar: la muerte o el paso por la cárcel. Millones de personas se han quedado sin trabajo, han perdido sus empresas o incluso sus casas, pero estas no son tragedias insuperables. La tragedia insuperable es darse por vencido.

La psicología lleva en sí misma el germen de la autorrealización. Si usted hace planes contando con el fracaso, sin duda no resultará decepcionado, pero si concentra sus fuerzas y se aplica, algo maravilloso puede sucederle. No olvide que la primavera vuelve todos los años, que todos nuestros sinsabores se convierten, con el tiempo, en experiencias valiosas y que el mundo es más indulgente de lo que pueda suponer.

Si me gusta la compañía de los emprendedores es precisamente porque ser optimistas forma parte de su naturaleza. Es una condición previa y necesaria para pasarse la vida persiguiendo sueños. Si no conoce a ningún emprendedor, empápese de las biografías de este tipo de personajes. Encontrará en ellas muchas tribulaciones... seguidas de un final feliz. Es difícil evitar las historias de mendigo a millonario de los empresarios célebres, pero a mí me resultan más auténticos y alentadores los ejemplos menos conocidos de optimismo y de valor genuino.

Tomemos el caso de Robert Chesebrough, el químico de origen británico que patentó la «jalea de petróleo», un descubrimiento que hizo a fines de la década de 1850, a la edad de veintidós años en Titusville, Pensilvania. Tardó diez años más en perfeccionar el compuesto, y aún no había nadie que quisiera comprárselo. Se convirtió, pues, en vendedor ambulante y se dedicó a entregar muestras gratis de su producto, al que dio el nombre de Vaselina. Incluso solía hacerse quemaduras para demostrar los poderes lenitivos de su milagrosa jalea.

Al fin su invento se hizo popular, y él llegó a convertirse en un rico industrial que lo fabricaba a gran escala en docenas de países. Su perseverancia, su confianza en sí mismo y el pensamiento positivo dieron sus frutos, y Robert Chesebrough tuvo la fortuna de vivir hasta la edad de noventa y seis años y logró disfrutar de los resultados de su éxito.

Antes de iniciar el viaje, o en el caso de que usted estuviera pensando en el fracaso, es importante apuntar que hay muchas historias como la de Chesebrough. Claro que los negocios también están jalonados de fracasos, pero saberlo no ayuda. Ponerse a pensar en el fracaso es correr el riesgo de abocarse a él.

El valor real de las ideas

Muchos de nosotros creemos equivocadamente que las buenas ideas de negocios solo se les ocurren a los pocos afortunados que tienen talento o bien que son el producto de la casualidad. Tal vez esto se deba a que a los emprendedores les encanta hablar del momento en que fueron alumbrados por el cegador destello de la inspiración. Es un buen comienzo, qué duda cabe; sin embargo, también nos hace ver que lo importante es en realidad «la idea», y que todo emprendedor ha de contar con una buena idea para triunfar.

Nada proporciona más placer en la vida que superar dificultades, pasar de un escalón del éxito al siguiente, formular nuevos deseos y ver que se cumplen.

SAMUEL JOHNSON

Los emprendedores en ciernes a menudo me piden que les recomiende una buena idea empresarial. Yo tengo una opinión formada. Por ejemplo, observo que la gente siempre tiene necesidad de comer, y que todo lo que funciona en Estados Unidos también suele funcionar en Europa. No obstante, mi consejo es que se escoja una idea o un sector que uno ya conozca y que le guste.

Trabajar por cuenta propia es un camino difícil sean cuales sean las ideas o el sector, y hay que poner en ello todo el conocimiento y el entusiasmo posibles. De ahí que yo sea reacio a invertir en individuos que se presentan como «gestores generalistas»: lo que yo quiero son veteranos del sector.

Si usted se está devanando los sesos, puedo recomendarle un estupendo librito titulado *A Technique for Producing Ideas* [*Una técnica para producir ideas, Ediciones Eresma, Madrid, 1982*].Puede leerse en una hora. Lo escribió un publicista llamado James Webb Young allá por los años cuarenta.

Su fórmula es simple y aplicable a muchos tipos de problemas. Parte del concepto de que cualquier idea original solo es, en el fondo, una combinación novedosa de elementos antiguos, y la capacidad para ver nuevas relaciones entre hechos conocidos. Para producir ideas, el señor Young aconsejaba seguir cinco pasos.

Primero, reunir información básica —tanto general como específica— sobre el producto o la cuestión. Young era consciente de que suena simplista, pero no perdía de vista a los que no dejan de postergar las cosas: «[Recopilar hechos] es una tarea tan ardua que siempre estamos tratando de esquivarla [...] la mayor parte de nosotros desistimos demasiado pronto en el intento de conseguirla». Comparaba el proceso de reunir información con el consejo que le dieron en una ocasión al escritor Guy de Maupassant: «Salga a las calles de París y fíjese en un cochero. Tendrá más o menos el mismo aspecto que cualquier otro cochero. Estúdielo, sin embargo, hasta que sea capaz de describirlo de tal modo que en su descripción se vea como un individuo, diferente de cualquier otro cochero del mundo».

A continuación es necesario valorar esa información reunida, para lo cual Young aconsejaba no buscar sino «escuchar el significado». Esto llevará a la larga al agotamiento mental, momento en el cual el pensador ha llegado a la tercera etapa: ¡descansar! Hay que olvidarse temporalmente del asunto y distraerse con otra cosa totalmente nueva, del mismo modo que Sherlock Holmes hacía deliberadamente un alto en un caso difícil y asistía a un concierto, lo cual molestaba a Watson, más racional. En expresión de Young, una vez masticada la información, es hora de activar la digestión.

Lo que viene a continuación es el momento ¡Eureka!, que tiene lugar cuando se le ocurre a uno una solución inesperada. Debería caer del cielo, una vez que la mente ha rumiado bien la cuestión. Y la etapa final es aquella en la que se examina la idea, se pone a prueba y se mejora.

Y si el método de Young no funciona, es hora de dejar de lado lo de la gran idea y de hacer simplemente lo que hacen los emprendedores más exitosos: copiar y mejorar.

Julian Metcalfe y Sinclair Beecham no inventaron el sándwich, pero sí inventaron la excelente cadena Pret A Manger. Uno diría que en el mundo del sándwich casi no hay nada que inventar, pero Metcalfe y Beecham no lo creyeron así y se dice que por ello tienen ahora cincuenta millones más de libras.

Al parecer, factores insignificantes pueden diferenciar una marca de las demás y suponer una ventaja competitiva.

Cuando yo lancé la cadena de pizzerías Strada, ofrecía en las mesas botellas de agua filtrada gratis. Fue un gesto sin pretensiones, nada que pudiera considerarse un gran salto adelante en la experiencia de la comida rápida, pero era algo que no hacía nadie en aquel momento, y los comensales se acordaron de ello.

Se empieza por imitar, y a continuación se dedica uno a mejorar y a desarrollar constantemente. El emprendedor se dará cuenta de que su tarea diaria puede ser más fácil que la del inventor, quien debe luchar con prototipos, legislación sobre patentes y recelosos compradores minoristas.

Obras, no palabras

Los conceptos teóricos están muy bien, pero lo que realmente necesita toda persona que se dedique a los negocios es una gestión competente.

Los asesores de empresas han introducido métodos como las sesiones de intercambio de ideas y los mapas conceptuales para fomentar la creatividad del personal de una compañía. Pueden resultar eficaces, pero el avance más notable de los últimos tiempos ha sido la retroalimentación desde la red a través de comunidades digitales y de redes sociales.

Las empresas se valen cada vez más de sus clientes para diseñar sus productos y mejorar sus ofertas. Esta tendencia está sujeta a la habitual jerigonza empresarial y a la intervención de gurús de dudosa procedencia. Aun así, todo nos lleva al mismo consejo: hay que utilizar la red para escuchar a los clientes, pero no todo es escuchar, pues también hay que actuar.

En cierta ocasión, un cliente de uno de mis restaurantes Giraffe se sirvió de Twitter, todavía sentado a la mesa, para dar rienda suelta a su insatisfacción por el servicio que había recibido, y uno de mis empleados detectó, reconoció y atendió la queja en persona… antes incluso de que el cliente pagara y se marchara.

La era digital es una gran ayuda para los nuevos productos y servicios si se desea realmente escuchar a los clientes.

Lo difícil, sin embargo, no es producir ideas. Al fin y al cabo, no se puede patentar una idea y protegerla para que un rival no la copie. Hay que implementarla, ponerla en práctica, y solo entonces se convierte en una idea nueva.

Para que las innovaciones funcionen hay que llevarlas a cabo de una manera determinada. Esto resulta más fácil para un propietario y líder que para una organización donde el poder es difuso. A pesar de lo mucho que invierten en investigación y desarrollo, las grandes corporaciones no son muy adecuadas para los avances innovadores. Los comités suelen resistirse a todo lo que represente una amenaza para su statu quo, porque a menudo lo nuevo colisiona con lo viejo.

Una empresa pequeña, emergente, tiene la gran ventaja de la flexibilidad. Estará dispuesta a probar formas novedosas de hacer las cosas: nuevos productos, nuevos servicios y nuevas maneras de abaratar costes. Ahí es donde intervienen las ideas: son la materia prima del cambio, y el único combustible que se necesita para generarlas es la imaginación.

¿Qué encierra un nombre?

Si queremos darle a una persona, a una empresa o a un producto un buen comienzo en la vida, debemos tomarnos la molestia de bautizarlos como es debido.

Los nombres son siempre importantes. Jamás debe subestimarse el poder de las palabras: cómo suenan, el aspecto que tienen, sus connotaciones. ¿Cómo elegir el nombre adecuado para una empresa? En primer lugar, hay que decidirse a emplear la propia imaginación. Nunca debe elegirse el camino fácil y lanzarse sin vacilación sobre la alternativa más predecible, ni tampoco optar por un nombre que se nos haya ocurrido de repente, por bien que suene: Google no tardará en demostrarnos que otros lo han pensado antes.

Si su producto tiene un bagaje hereditario, aprovéchelo, pero solo en los casos apropiados. No puedo entender a los estadounidenses que les ponen a sus hijos su propio nombre de pila con la coletilla «Jr.». ¿Cómo podrán esos hijos liberarse de la alargada sombra de esos progenitores?

De igual modo, mientras era director de Channel 4 Television me di cuenta de la desesperante falta de creatividad de ITV al denominar a sus canales digitales ITV2, ITV3 e ITV4. ¿Qué es lo que diferencia a unos de otros? ¿Qué significa cada canal para el espectador o para el anunciante? Todavía no he encontrado a nadie en ITV que haya sido capaz de decírmelo.

Dentro de lo posible, conviene asegurarse de que un nombre tenga algún significado subyacente. No siga el ejemplo de Diageo, uno de los mayores fabricantes de bebidas del mundo. «Diageo» no significa nada, y ni siquiera es fácil de pronunciar, ni de introducir en Google.

Los peces gordos de Diageo —empresa llamada con anterioridad Guinness— pensaron que el nuevo nombre tendría un atractivo más internacional que el de la legendaria cerveza negra irlandesa, pero ¿qué hay de malo en que lo asocien con una de las cervezas más famosas del mundo?

Para entender todo lo que tienen de desafortunado los nombres pretenciosos basta con echar un vistazo a la alambicada explicación de la propia Diageo: «La palabra "diageo" viene del latín *dia* (día) y del griego *geo*, que significa "mundo". La interpretamos como todo lo que a diario y en todas partes celebra la gente con nuestras marcas». Me pregunto si los directivos de Diageo se habrán dado cuenta de que esa especie de rompecabezas silábico podría inducir a su personal a marcharse y a abrir sus propios negocios.

Hace algunos años, ayudé a montar una empresa llamada Bath Press PLC, una imprenta fundada por Isaac Pitman (famoso por su método de taquigrafía) en el siglo XIX. Cuando la empresa se expandió, cambiaron el nombre por el más pomposo de Liberfabrica, aparentemente el nombre latino de una imprenta. Nadie era capaz de pronunciarlo ni conocía su significado. Por desgracia era un nombre demasiado culto, y la City londinense nunca llegó a acostumbrarse a él. Todo acabó con la venta de la imprenta a los franceses.

Las empresas tenedoras, es decir, las firmas que solo existen para tener otras empresas en propiedad, como Berkshire Hathaway de Warren Buffett, mantienen una lucha permanente por su identidad. Cuando estuve al frente del London Institute («¿Y eso qué diablos es?», podría preguntarse alguien), cambié el nombre de la organización por University of the Arts London. De pronto, el mundo empezó a darse cuenta de que éramos el organismo que poseía los mejores colegios mayores de arte de Londres: Central Saint Martins, Camberwell, London College of Communication, London College of Fashion, Wimbledon y Chelsea. Quedó bien claro qué hacíamos y dónde estábamos. Estoy convencido de que el cambio de marca dio nueva fuerza a la institución y mejoró su categoría.

Conviene evitar los nombres demasiado alambicados, oscuros o convencionales.

El sector vinícola francés ha perdido cuota en el mercado de exportación frente a los rivales del Nuevo Mundo en parte por aferrarse a su complejo sistema para designar el vino, mientras que los recién llegados son más atrevidos a la hora de poner nombre a sus productos. Sin embargo, algunos viticultores están aprendiendo: uno de los blancos franceses que más se está vendiendo en Estados Unidos se llama Fat Bastard Chardonnay. Esto demuestra que un nombre humano, estrafalario, siempre es capaz de superar a otro académico o artificial.

Dentro de lo posible, los nombres deben ser fáciles de pronunciar y de entender. Strada es una palabra muy italiana y a la par fácil de escribir y de pronunciar.

A pesar de la profusión de productos y de servicios, todavía quedan nombres buenos y sonoros por descubrir si uno se esfuerza, como hicieron las empresas que están por detrás de BlackBerry, Viagra y YouTube. Aunque internet ha exacerbado la competencia por conseguir buenos nombres, también ha aumentado su valor: un nombre apto para Google es un verdadero activo.

Por supuesto, son muchos los directivos que descartan los nombres de marca ya consolidados —y toda la buena fama que llevan aparejada— por razones mezquinas relacionadas con el ego o por el mero gusto de cambiar. Las agencias de publicidad y de diseño son muy hábiles en eso de convencer a los clientes de que gasten sumas de escándalo en campañas para relanzar la marca rebautizada. Se oyen excusas sobre la «coherencia de la identidad corporativa» o sobre «economías de escala», pero en su mayor parte son pura hipocresía.

Cuando trabajaba como agente de bolsa, en los años ochenta, tuve ocasión de ver que casi todas las más reputadas y consolidadas casas de bolsa eran absorbidas por los bancos y sus afamados nombres eran desechados innecesariamente, como sucedió con mi antigua empresa Grieveson Grant. No es de extrañar que hayan sido pocos los compradores que consiguieron rentabilizar sus adquisiciones. El fin último de cualquier nombre es llamar la atención y ser recordado, a menos que nos enfrentemos al destino que William Cowper adjudicó a determinados nombres en la *Biographia Britannica*:

> *¡Oh, vano intento de dar un destino imperecedero*
> *a nombres innobles, nacidos para ser olvidados!.*

¿Es un buen momento para poner en marcha una empresa?

Si se siente usted impelido a hacer lo suyo, entonces ni los tipos de interés predominantes, ni los altibajos de la bolsa, ni las cifras de desempleo ni las estadísticas inmobiliarias influirán en lo más mínimo para que su diminuta e insignificante empresa triunfe o no.

JOHN HUNT, fundador de la cadena inmobiliaria Foxtons, comenzó con treinta mil libras de capital durante la depresión de 1981... y vendió la firma por trescientos noventa millones en 2007.

Nunca le sonreirá la suerte a aquel que aguarda el momento oportuno para iniciarse como empresario. Corre el riesgo de convertirse en uno de esos desdichados que siempre encuentran un motivo para postergarlo.

Reconozco que poner en marcha —o comprar— un negocio en una época floreciente da menos miedo que hacerlo durante un período de recesión, cuando muchos emprendedores en ciernes prefieren atrincherarse en su empleo remunerado. Si alguien puede permitirse el lujo de preguntarse si este es el momento adecuado para ser emprendedor, entonces tal vez esté en desventaja frente a los padres solteros, los que acaban de obtener su título y los recién despedidos, todos los cuales se las ven y se las desean para pagar las facturas vengan como vengan los tiempos.

A falta de un salario, hay quienes deben iniciar su propio negocio por pura necesidad, pero al menos no están parados. Ya he mencionado que la ambición es crucial para el emprendedor, y no hay nada que mine tanto la ambición como unos ingresos regulares.

No obstante, los auges y los descalabros de épocas pasadas nos ofrecen lecciones que aprender.

Especialmente, hay que considerar las opciones de que se dispone antes de subirse al carro de los negocios. Para ello puedo recomendar *Devil Take the Hindmost*, de Edward Chancellor [*Sálvese quien pueda*, Ediciones Granica, Buenos Aires y Barcelona, 2000], por su excelente introducción al tema de los altibajos de la economía a través de los tiempos. El autor es un antiguo banquero mercantil de Lazard que sabe perfectamente de qué habla.

Abarca un amplio espectro, desde la pasión por los tulipanes de los holandeses allá por la década de 1630 hasta la burbuja de mercado experimentada por Japón en los años ochenta del siglo pasado. El libro demuestra que a la hora de hacer inversiones, estamos condenados a repetir siempre nuestros errores.

Cada época trae consigo unas innovaciones que ofrecen grandes recompensas y atraen al capital de riesgo. Los importantes beneficios iniciales propician la afluencia de capital y las valoraciones de las empresas quedan fuera de control. Después, inevitablemente, todo vuelve a tocar tierra y muchos sufren las consecuencias.

Nuestra época inventa nuevas frases, pero la codicia humana y la psicología de masas son una constante.

En el libro de Chancellor hay frases de hace siglos que podrían haberse pronunciado hoy. En 1826, cuando el colapso de muchos proyectos sudamericanos se cernía sobre el mercado londinense, una publicación los calificó de «¡un montón de monstruosos abortos engendrados por el fraude y la credulidad!». Podríamos preguntarnos cuántas de las recientes hipotecas basura de Estados Unidos cabría incluir ahora en esa categoría.

En *Sálvese quien pueda* se debate sobre si el instinto especulativo conduce al progreso humano. No hay duda de que, en ocasiones, la especulación desenfrenada puede detraer recursos y esfuerzos de los usos productivos y llevar al derroche, la pérdida y la miseria. En 1845, la euforia que se respiraba en Reino

Unido por la construcción de los ferrocarriles alcanzó tal magnitud que impuso exigencias insoportables a la economía del país. Se propusieron más de mil doscientos proyectos, con pasivos que superaban la renta nacional. Esto desembocó en una crisis de envergadura en 1847, con líneas que competían entre sí, rutas insostenibles económicamente y desaprovechamiento del capital.

En época más reciente, la especulación salvaje sobre propiedades y acciones que tuvo lugar en Japón en los años ochenta contribuyó a crear alrededor de un billón y medio de préstamos de difícil recuperación en su sistema bancario... Una cifra escalofriante. El dinero barato estimuló un exceso de inversión sin sentido que agravó aún más la situación. Este despilfarro temerario hizo que la economía japonesa se deslizara irrefrenablemente hacia la depresión, que se alcanzaran niveles sin precedentes de desempleo, que se diezmaran los mercados bursátil e inmobiliario y que se produjera una penosa restricción crediticia.

En su libro, Chancellor cuenta la extraordinaria historia de la señora Onoue, una humilde restauradora de Osaka a quien, en plena burbuja, se le permitió pedir prestado un total de veintitrés mil millones de dólares para comprar acciones. Al parecer, su cartera de inversiones la gestionaba un sapo de cerámica del que se decía que recibía soplos bursátiles de los dioses. Fue una gran atracción para su restaurante.

No paran de decirnos que en períodos de gran prosperidad la gente empieza a mostrar comportamientos extraños y a tener creencias estrafalarias. En mi opinión, el deseo de apostar y arriesgar es innato en el ser humano, y no nos abandonará nunca. Después de todo, sin apostadores ¿quién montaría un negocio, quién cambiaría la seguridad por la simple perspectiva de ganar? La sociedad necesita de los que confían en la suerte para seguir en marcha, por eso esta les arroja algo de dinero de vez en cuando.

Esas tendencias suelen provocar brotes regulares de abundancia y, a continuación, de escasez, pero, como casi todo aquello que es inherente a los comienzos del viaje empresarial de cada uno, no puede usted preocuparse de ello en este momento. Hay que empezar a toda costa.

Ahora bien, comprender el ciclo de los negocios facilita el entendimiento de cómo encajan las partes del capitalismo, de modo que examinaré más adelante y con detenimiento los ciclos de este mundo. Me limitaré a avanzar aquí que si de lo que se trata es de iniciar un negocio, mejor hoy que mañana, independientemente de lo que pueda parecer ese «hoy».

John Maynard Keynes lo expresa muy bien: «La idea de pérdida definitiva que asalta a los pioneros, tal como indudablemente nos señala la experiencia a nosotros y a ellos, se deja de lado del mismo modo que un hombre sano pone a un lado la perspectiva de la muerte».

Otros se aíslan por medios más prosaicos: cuando John Hunt puso en marcha Foxtons acababa de licenciarse del ejército, y estaba tan verde en cuestiones de negocios que ¡«ni siquiera sabía» que estaba en medio de una recesión! Sospecho que algo más había aprendido acerca del ciclo cuando vendió la empresa, en el punto más alto del auge inmobiliario global, en 2007.

Al que acaba de conseguir su título

Yo obtuve el mío en 1983, hacia el final de un período de recesión económica. De 1979 a 1984, el desempleo se duplicó en Reino Unido. En aquel momento, el país estaba afrontando cambios dolorosos pero necesarios. El gobierno Thatcher había impuesto duros recortes de gastos a fin de revitalizar la economía del país, y los beneficios de las empresas cayeron.

> *La juventud tiene la flexibilidad necesaria para asimilar el desastre e incorporarlo a la trama de su vida, sin importar lo dolorosa que sea la espina que le atraviesa la carne.*
>
> SHOLEM ASCH, novelista judío

Es posible que todo el que consiguiera su título en aquel momento pensara que tenía muy mala suerte. Puesto que las recesiones siempre estarán con nosotros, quizá el lector que está a punto de finalizar sus estudios en estos momentos vaya directo a una.

Si es así, que no deje que eso lo perturbe.

Es cierto que alguien que termine su carrera en la fase descendente de un ciclo económico probablemente tendrá que sumarse a la larga cola de otros nuevos titulados que buscan un empleo, incapaces de incorporarse a la escala laboral convencional. Tendrá que competir con miles de candidatos con más edad y experiencia que se han quedado sin trabajo.

Puede que muchos salgan de la universidad llenos de deudas, con la autoestima y las expectativas por los cielos y unas probabilidades enormes de caer en la frustración. Estarán llenos de esperanzas de encontrar un puesto interesante y bien remunerado, quizá en un entorno laboral ecológico y sostenible…, todo lo cual pasará a ser irrelevante cuando no puedan conseguir trabajo, mucho menos uno de los empleos de campanillas con los que soñaban.

Es posible que muchos opten por posponer la agonía y se dediquen a recorrer el mundo durante uno o dos años, sobreviviendo con lo que puedan ganar aquí y allá. Yo jamás me embarqué en semejante aventura, y a veces me arrepiento de no haberme tomado algo de tiempo en mi juventud para vivir en el extranjero. Claro que estaba demasiado empeñado en encontrar mi lugar en el mundo, y la paciencia jamás ha sido una de mis virtudes.

La alternativa a un año sabático de vagabundeo, suponiendo que no se encuentre el puesto de trabajo adecuado, es el autoempleo. En cierto sentido, la mejor edad para trabajar por cuenta propia es cuando se es joven y se está soltero, sin nadie que dependa de uno, sin obligaciones como una hipoteca, por ejemplo. La seguridad debería obviarse cuando se es joven: lo importante es ganar en experiencia y credibilidad.

El ámbito evidente para iniciar un negocio es aquel para el que usted se haya preparado o aquel por el que siente verdadera pasión. Usted es el único que sabe cuáles son. Yo le aconsejaría evitar los mercados, productos y servicios que están a la vista de todos. Diríjase a los que pasan desapercibidos, los que son aburridos, los que no han sido investigados a fondo, al nicho, a lo indeseable, o a las oportunidades poco atractivas. Hay lugares que las masas pasan por alto. Puede que todo esto entre en conflicto con sus apetencias, pero hay que tener en cuenta que vivimos tiempos difíciles.

Lo más importante es que se pueda obtener un beneficio para ir tirando. La otra prioridad para los que acaban de salir de la universidad o del instituto es elegir un proyecto que casi no requiera capital. Yo también aconsejaría trabajar con uno o dos socios: es más probable sobrevivir en equipo que en solitario.

Nada de esto le resultará fácil, pero tal vez no le sea más duro ganarse la vida por cuenta propia que conseguir el trabajo que realmente quiere. Por lo general, menos de uno de cada diez monta su propia empresa; pero hemos entrado en la época de los trabajadores independientes y creativos. La libertad y la satisfacción que da el hecho de ser dueño de sí mismo es difícil de superar.

Nuestro futuro depende de jóvenes con energía que propongan ideas brillantes para ir resolviendo gradualmente nuestros problemas e insuflarnos a todos esperanza. Entre los veinte y los treinta años me sentí muy frustrado porque mi vida como empresario no despegaba como yo había deseado, pero supongo que estaba pasando por una especie de aprendizaje, adquiriendo experiencia, contactos y recursos para aplicarlos más tarde.

Lo que yo diría a los que se enfrentan a desoladoras perspectivas de trabajo es que se lancen, y si sus planes se quedan en nada, al menos lo habrán intentado. La gente más interesante que conozco es la que ha afrontado la vida como si se tratara de una aventura, un gran experimento, y que ha logrado mantener el optimismo a lo largo del camino.

Segunda parte

La gente

La edad y el fundador

Del mismo modo que no existe momento más perfecto que el presente para poner en marcha un negocio, tampoco hay una edad perfecta para iniciarse como fundador de una empresa.

Mi manual favorito sobre la cuestión de la edad y el empresario es una autobiografía —agotada— que lleva por título *After I Was Sixty*, de Roy Thomson [*Lord Thomson: el magnate de la prensa mundial*, Dopesa, Barcelona, 1977]. En 1953, a los sesenta años, lord Thomson sufrió dos duros golpes. Primero murió la que había sido su esposa durante muchas décadas; después, el que había sido su socio a lo largo de veinte años lo dejó para dirigir otra empresa. Fue así como se deshizo de su modesta emisora de radio en Canadá y se marchó, casi en un arrebato, a Edimburgo y compró el combativo periódico *Scotsman*.

Un año después fundó STV, la primera cadena comercial al norte de la frontera. Fue un éxito arrollador que proporcionó unos beneficios que superaban el mil quinientos por ciento a sus suscriptores originales. Thomson fue quien pronunció la frase inmortal para describir una franquicia de televisión: «Una licencia para imprimir dinero» (si bien la afirmación ya ha perdido validez). Siguió adelante hasta convertirse en capitalista pionero de North Sea Oil, y más tarde lanzó Thomson Holidays, el primer operador británico de paquetes turísticos. A continuación pasó a ser propietario de *The Times* y del *Sunday Times*, y finalmente su organización se fusionó con Reuters y se convirtió en una de las mayores corporaciones de Canadá. Todo esto, y además un título de lord, conseguido después de los sesenta años.

No es el único caso de desarrollo tardío en la historia de los negocios. Harland D. Sanders tuvo una niñez difícil y empezó a trabajar en una granja a la edad de doce años. Tuvo una serie de empleos modestos hasta que abrió una estación de servicio de combustible a los cuarenta años y empezó a ofrecer en ella pollo frito. Su «pollo para chuparse los dedos» se hizo famoso, pero un incendio destruyó el negocio de Sanders cuando este tenía cuarenta y siete años. Volvió a comenzar y levantó otro, que también tuvo éxito, pero un nuevo desvío de la carretera hizo que los vehículos dejaran de pasar por allí, y Sanders se vio obligado a liquidarlo, muy por debajo de su precio.

Por entonces, el «coronel» Sanders contaba sesenta y seis años y estaba en bancarrota, pero tenía su receta secreta del pollo y se dedicó a vender el concepto de Kentucky Fried Chicken como franquicia. Al cabo de cuatro años había dado licencia para más de cuatrocientos restaurantes y se había convertido en el mayor establecimiento de pollo para llevar de todo el mundo. Aunque vendió el negocio por apenas dos millones en 1960, Harland Sanders siguió vinculado a su creación y vivió hasta los noventa años.

Lo que me impulsó a hablar sobre los emprendedores maduros fue la lectura de un estudio del gabinete estratégico Reform. Dicho estudio revelaba que una de cada dieciséis personas de edad comprendida entre los cuarenta y seis y los sesenta y cinco años prefiere emprender una nueva aventura empresarial a retirarse sin más. Esto representaría siete veces el número de empresas de nuevo cuño de la generación de sus padres, y podría llegar a un millón de nuevos emprendimientos. Sus armas secretas son la experiencia y la sabiduría.

Al ir envejeciendo, los de la generación del auge de la natalidad se dan cuenta de que, debido a la menor cuantía de las pensiones y la mayor longevidad, muchos tendrán que trabajar hasta bastante después de los sesenta años. Eso no tiene por qué ser tan malo. A mí me inspiró el ejemplo de mi padre, Paul Johnson, quien cuando era octogenario publicó dos libros... que sumó a los cincuenta que ya había escrito. Un trabajo interesante da un motivo para vivir a cualquier edad.

No todos los emprendimientos de un «empresario maduro» tienen que ser con fines de lucro. Podrían ser proyectos de beneficencia, empresas sociales, organizaciones cívicas o vecinales o un club de recreo. Al fin y al cabo, no faltan oportunidades en la industria, ni en la política ni en las comunidades. Hay un sinfín de actividades que pueden realizarse de forma más eficiente o problemas que pueden resolverse. Y aunque el capital quizá escasee, la energía y el ingenio humanos son recursos inagotables.

Cuando la discriminación por causa de la edad está tan extendida, la generación veterana puede tomarse la revancha trabajando por su cuenta y arreglándoselas perfectamente en el mundo del autoempleo. Los mayores también pueden trabajar como voluntarios, o como mentores para los más jóvenes. Es una forma genial de mantenerse en contacto con otras generaciones y de poner sus conocimientos al servicio de los que empiezan.

De vez en cuando presento algún caso práctico en la London Business School, o doy charlas a grupos de estudiantes. Me resulta tremendamente estimulante interactuar con los veinteañeros ambiciosos, ansiosos de aprender y con una perspectiva diferente del trabajo y de la vida.

En Estados Unidos hay iniciativas impresionantes del tipo de encore.org, una campaña para alentar a los ciudadanos a tener una segunda carrera en una etapa ya avanzada de su vida. Conceden un Premio a la Determinación a los sexagenarios que se enfrentan a los mayores retos de la sociedad. Se basa en el reconocimiento de que a la mayoría no le resulta satisfactorio ni práctico el sueño de una edad dorada, un retiro, con el ocio como única perspectiva. Además, millones de jubilados inactivos representan un enorme derroche de talento humano. También mi madre se reinventó como consejera después de los sesenta años, lo que le dio una genuina sensación de renovación.

Los hombre jóvenes son más aptos para inventar que para juzgar; más aptos para ejecutar que para aconsejar y más aptos para los nuevos proyectos que para los negocios consolidados.

FRANCIS BACON

Tiempo, energía e ideas

Hay un tiempo para todo. Estoy entrando en la mediana edad, y soy consciente de que tengo menos ideas nuevas que en el pasado, aunque también sé que las nuevas ideas son solo una parte de la ecuación.

El período más fértil para la innovación es el comprendido entre los veinte y los treinta años de una persona: ya se trate de galardonados con el premio Nobel, de empresarios, de compositores o de escritores, los grandes pasos adelante y las obras relevantes suelen ser patrimonio de los jóvenes.

Este es un motivo más por el que las grandes empresas se esfuerzan por innovar. Tienen filas de ejecutivos que se benefician del statu quo. Los que controlan las palancas del poder suelen ser más maduros, en su mayor parte, y a menudo se sienten amenazados por las jóvenes promesas. Este anquilosamiento permite que los advenedizos recién llegados desafíen y ganen contra los intereses profundamente arraigados, a pesar de todas las ventajas de estos. Como ejemplo basta el caso de Google, que ha ocupado el lugar de los medios de comunicación convencionales, a pesar del poder económico de estos, de sus poderosas franquicias y de sus enormes cuotas de mercado.

Las nuevas empresas y las diferentes tecnologías desbaratan el antiguo orden, de ahí que sus titulares ofrezcan resistencia.

Todos deberíamos seguir el consejo del doctor Johnson: hay que hacer amigos entre los que son más jóvenes que nosotros, porque ellos seguirán vivos cuando la mayoría de nuestros contemporáneos estén muertos y nos inspirarán para mantenernos atentos a nuevas posibilidades.

Me temo que después de determinada edad rehuimos el riesgo porque tenemos la sensación de estar en una posición menos ventajosa. Al fin y al cabo, en la actualidad el valor neto combinado de todos los británicos de menos de treinta y cinco años es cero: suele decirse que cuando nada tienes, no tienes nada que perder. No es de extrañar que la generación Y cuelgue sus secretos más íntimos en Facebook, se haga tatuajes y se niegue a conformarse.

Según el Global Entrepreneurship Monitor, los jóvenes de nuestro tiempo tienen más probabilidades que los de las generaciones anteriores de fundar sus propias empresas. Probablemente saben que la seguridad en el trabajo y los planes de pensiones basados en el último salario ya han pasado a la historia. Sin embargo, a los cuarenta años estamos agobiados por las hipotecas, las responsabilidades de la paternidad y, en general, por convertirnos en miembros respetables de la sociedad. Puede que sea un exceso de activos, pero ¿todavía tenemos esperanzas?

Demasiados de nosotros nos vamos haciendo cada vez más cínicos con la edad, nos volvemos escépticos, pesimistas y proclives a decir «no». Es probable que hayamos visto demasiadas veces cómo se rompían nuestros sueños, que hayamos sido testigos de demasiados fracasos.

Por desgracia, estas actitudes no estimulan la experimentación ni el progreso. A lo largo de la historia, el ingenio humano ha superado los peores obstáculos. La civilización ha triunfado y progresado. Los jóvenes tienen que creer fervientemente en el futuro —deberían creer en él—, mientras que es posible que a algunos mayores no les preocupe porque para entonces estarán muertos. Harían bien en recordar a Gibrán Jalil Gibrán: «El deseo es la mitad de la vida; la indiferencia es la mitad de la muerte».

A medida que envejecemos vamos acumulando experiencia, valiosa experiencia. Pero también acumulamos prejuicios, lo cual significa que a veces desechamos los pensamientos originales con demasiada facilidad. Creemos que conocemos todas las respuestas y que ya lo hemos probado todo.

Desde el comienzo de los tiempos, los viejos les han restregado por la cara a los jóvenes que ellos son más sabios, y antes de que los jóvenes descubrieran que eso era una absoluta tontería, también ellos se habían hecho viejos y consideraron conveniente mantener la impostura.

SOMERSET MAUGHAM

La audacia y la energía de la juventud son un antídoto necesario contra la cautela de la veteranía. Conforme cumplimos años, debemos resistirnos a la tentación de acaparar riquezas, del mismo modo que los países occidentales deberían apostar por la sangre joven y evitar el destino de Japón, donde demasiados hombres viejos, conservadores, lo dominan todo, resistiéndose al cambio. Para cuando los recién llegados coronan la cima, ya están desgastados e imbuidos de las creencias defensivas del *ancien régime*.

Sin embargo, muchas de las personas más sabias y divertidas del mundo de los negocios que he conocido tenían más de sesenta años. Me superan en paciencia y han visto mucho más que yo.

Los mejores de los mayores no se aferran al poder ni a las riquezas. Hacen partícipes a las generaciones más jóvenes y trabajan con ellas. Disfrutan de su compañía y se esfuerzan por entender su entusiasmo. Al fin y al cabo, la edad es realmente un estado de ánimo.

He tenido el privilegio de formar parte de varios consejos de administración con miembros no ejecutivos de sesenta o setenta años, y en muchos de los casos han prestado una contribución enorme. Por lo general tienen tiempo y se preocupan. Su ambición es menos impetuosa y su perspectiva más equilibrada. Acostumbran a tener excelentes contactos, que han reunido a lo largo de toda una vida de trabajo. Y los mejores aceptan de buen grado como socios a capitalistas jóvenes que rondan los treinta años y que, si bien aportan grandes ideas, todavía tienen mucho que aprender.

La combinación de habilidades y perspectivas es una fuerza poderosa que puede ayudarnos a adaptarnos mejor y a competir económicamente. Después de todo, el mercado «gris» es un ámbito nuevo y enorme que continuará expandiéndose a medida que la gente viva más tiempo y se jubile rica.

Solo compartiendo recursos con los que son más jóvenes que nosotros evitamos la lucha intergeneracional. Los de más de cincuenta años pueden controlar las tres cuartas partes de la riqueza de todo el país, pero necesitan el talento y las ideas de la generación joven para hacer que ese capital sea realmente productivo. Las soluciones a todos los problemas espinosos —cuestiones globales como el cambio climático o la cuestión personal de mantener la vitalidad— pueden encontrarse si los veteranos y los jóvenes trabajan juntos para fomentar la riqueza, la creatividad, la sabiduría y el atrevimiento. Solo se necesita la actitud adecuada en ambos bandos.

Pobrecitos, los hijos de los ricos y triunfadores

Ser hijo de un empresario acaudalado debe de ser una especie de bendición pero con matices. Criarse en una atmósfera de invernadero, abrumado por privilegios y expectativas, no puede ser una experiencia relajante.

He pasado la mayor parte de mi vida trabajando con emprendedores, y estoy convencido de que son una especie aparte. Tienen una ambición, un afán competitivo y un amor por el riesgo que está muy por encima de lo habitual.

Me encontré con Rupert Murdoch, con Jimmy Goldsmith y con Richard Branson en diferentes ocasiones cuando todavía no había cumplido los veinte años, y me he preguntado muchas veces cómo serían en su faceta de hombres de negocios y, más aún, en la de padres. Apasionantes vidas las suyas, sin duda, pero ¿cuánto tiempo tenían para dedicar a sus hijos? ¿Y qué esperaban de ellos?

La presión sobre los descendientes de personas muy ricas, que se han forjado a sí mismas, para que hagan cosas debe de ser intensa. Es inevitable que a la segunda generación se le presente como una tarea ímproba seguir a sus progenitores. La mayoría de los magnates acaricia la idea de que sus hijos se hagan cargo de su imperio cuando ellos mueran; supongo que esto es, en parte, un deseo inconsciente de inmortalidad.

En muchos casos esas esperanzas están condenadas al fracaso. Puede que un heredero, sea hombre o mujer, sienta que su padre o su madre han pagado un precio demasiado alto por el éxito; quizá quieran poner en práctica sus propias ideas, mostrarse independientes; o tal vez suceda que el negocio estuviera destinado desde el comienzo a irse desactivando poco a poco, y que los herederos tengan la sensación de que jamás serán capaces de igualar la gloria de sus progenitores. En cualquier caso, como nos recuerda Aldous Huxley: «Los hijos siempre tienen un deseo rebelde de resultar desilusionados por lo que cautivó a sus padres».

Por una u otra razón, las empresas familiares en el siglo XXI no suelen hacer una transición sin preocupaciones de padres a hijos. La mayor parte de las veces se venden, por miedo a que nadie pueda igualar al jefe original. Es indudable que esto también puede producir amargura: sé de dos empresarios que tienen la sensación de haber sido despojados fraudulentamente de sus derechos de nacimiento por parientes cobardes y por abogados ladinos que vendieron la empresa familiar.

Muchos capitanes de la industria pueden perder sus activos en un momento dado en un emprendimiento que se tuerce. Sus hijos e hijas no tienen más remedio que adaptarse a los vaivenes de la fortuna. La caída de los precios de la propiedad y las deudas obligaron a un promotor inmobiliario amigo mío a dejar una casa en el céntrico barrio londinense de Belgravia y una propiedad en Home Counties por una vivienda alquilada en una zona ruidosa del sur de Londres, arrastrando consigo a su mujer y a su hijo. No me cabe duda de que pronto se recuperará.

Algunos hijos emulan la confianza y el optimismo inveterados de sus padres y se lanzan a la conquista de sus sueños. Otros hacen lo contrario y buscan una existencia de tranquilidad y sosiego, como una reacción a la imparable montaña rusa de sus primeros años. Al menos la necesidad de adaptarse tanto a la abundancia como a la escasez contribuye a una crianza más versátil que una niñez regalada y plácida.

Todos los padres quieren para sus hijos algo mejor de lo que ellos tuvieron. Tanto es así que muchos empresarios que nacieron con avidez de reconocimiento y progreso material malcrían a sus hijas e hijos.

Esta tendencia en sí misma debe desactivar cualquier apetencia de sus vástagos de fundar una empresa enormemente rentable. ¿Quién necesita luchar cuando todo le ha sido dado? Conozco a una familia multimillonaria que se las ha ingeniado para imbuir a sus jóvenes de cierto sentido de proporción, industriosidad y obligación: nada de aviones privados, chóferes ni cosas por el estilo. En lugar de eso, cada generación actúa como verdadero custodio del negocio de la familia, y la mayor parte de los dividendos se dedica, según parece, a causas filantrópicas y no a gastos personales.

Es raro encontrar semejante fuerza de voluntad y de renuncia personal. Son más frecuentes los casos como el de los Rockefeller y los Hilton.

Los triunfadores tenaces suelen trabajar sin descanso y, por consiguiente, pasan menos tiempo en casa con su familia. Esa ausencia puede tensar las relaciones y dar lugar a un permanente sentimiento de culpa. En épocas anteriores, la mayoría de los padres veía mucho menos a sus hijos, pero ahora la sociedad exige que aquellos intervengan más en la vida familiar, y surgen los conflictos. Por lo general, un éxito fuera de lo común reclama sacrificios, sea cual sea la trayectoria que cada uno siga en su carrera.

Los grandes cerebros y los pioneros del mundo de los negocios cuya vida es su empresa tienen clarísimo cuáles son sus máximas prioridades. Y eso acostumbran a llevarlo muy mal, pues casi todos los empresarios que he conocido a lo largo de los años lamentan no haber pasado el tiempo suficiente con sus hijos mientras estos crecían y se formaban.

Luces y sombras de una sociedad

Crear una empresa puede ser una aventura solitaria, y esa es una de las razones por las que he trabajado con socios a lo largo de toda mi carrera en los negocios. Aunque ser nuestro propio jefe siempre resulta atractivo, no lo es tanto ser nuestro propio colega.

Siempre he preferido compartir el puesto de mando que viajar solo por el mundo empresarial. Es probable que haya hecho menos dinero del que podría, pero creo que la experiencia ha sido más divertida y que me he embarcado en muchos más proyectos de los que quizá habría emprendido de haber trabajado sin socios. Además, muy pocos de nosotros tenemos el genio de un Henry Ford o de un Sam Walton, y asociarse con alguien mejora casi siempre las oportunidades de éxito.

Un socio ayuda a paliar el aislamiento de ser el jefe y el estrés de evaluar los riesgos. Aunque las empresas no pueden funcionar como democracias, las dictaduras puras están a merced de los caprichos y las flaquezas de una personalidad individual, como lo son la debilidad emocional, las limitaciones intelectuales y el favoritismo, o no saber delegar.

La forma más fácil de sociedad es la participación al cincuenta por ciento en la que cada una de las partes aporta el mismo capital e idéntico esfuerzo y empieza en el mismo punto de la vida de una empresa. Sin embargo, este tipo de acuerdos no siempre son factibles ni justos. A menudo una de las partes dispone de más dinero o tiempo o conocimiento práctico de la actividad en cuestión, o bien ha sido quien ha puesto en marcha la operación.

Sea como sea, significa que la sociedad no se fundará en condiciones de igualdad, pero eso no debería perjudicar su éxito si se basa en el respeto mutuo, en unas habilidades complementarias y unos objetivos comunes.

La mayor parte de las sociedades tienen una vida determinada. Mi antiguo socio en PizzaExpress, David Page, decía que esa vida suele ser de diez años; yo creo que varía según las circunstancias. Por lo general, lo que desencadena la disolución es la venta de la empresa común. Sucede con frecuencia que una de las partes siente la necesidad apremiante de seguir adelante mientras que la otra quiere retirarse y disfrutar de lo que ha ganado.

A veces es la muerte, un divorcio o, simplemente, una divergencia de prioridades lo que provoca la ruptura. Tal como sucede con el matrimonio, lo ideal es que la separación se haga sin rencores; sin embargo, la envidia y un resentimiento enconado hacen que las cosas terminen envueltas en amargura y con litigios.

Hay muchas formas de aunar talentos. A mí me gusta la combinación de un socio gestor y otro comercial. Otro gran equipo puede ser el formado por un negociador de mano suave y otro duro de pelar (el poli bueno y el poli malo), o un preclaro cerebro creativo y una mente con evidentes dotes comerciales.

De modo que, a menudo, el primer motor es un inventor, mientras que el socio aporta capacidad para las ventas o para las finanzas, o simplemente energía y confianza.

Resulta curioso que las empresas que contratan personal de alto nivel se toman el trabajo de exigirles referencias y de someterlos a test psicotécnicos para asegurarse de la aptitud del candidato para el puesto, pero pocos empresarios emprenden análisis tan rigurosos cuando van a constituir una sociedad con alguien.

Con demasiada frecuencia emprendemos negocios con ciertas personas solo porque disfrutamos de su compañía o de su amistad, cuando las mejores cualidades para un socio son que sea competente y fiable en cuestiones de negocios.

Las sociedades tienen una importancia vital en los momentos duros. No hay nada que pueda sustituir a la posibilidad de hablar con detenimiento de asuntos confidenciales con un colega de igual categoría y comprensión. No es tan probable que los asesores, los subordinados, la pareja o los amigos estén tan involucrados ni sean tan sinceros.

Para muchos emprendedores, la idea de formar una sociedad es contraria a la finalidad de trabajar por cuenta propia. Eso significa que no puedes controlar tu destino en igual medida y que debes compartir el orgullo, el mérito y la satisfacción creativa. Sin embargo, la mayoría de nosotros aceptamos que tenemos carencias, y nos damos cuenta de que un socio con participación se esforzará y aportará más a la relación que cualquier empleado.

Como sucede con las relaciones de pareja, también hay que esforzarse en el caso de las sociedades para que funcionen. Se malogran con una frecuencia alarmante. No obstante, aunque siempre es algo terrible de presenciar, puede que sea para bien.

En una entrevista que concedió John Lennon en 1970, poco después de la disolución de los Beatles, describió por qué las cosas se habían torcido para la que sin duda podría calificarse como una de las mejores sociedades que hayan existido jamás. Se dedicó a vituperar el ego de sus compañeros de banda, la envidia que tenían de él y el odio que sentían por Yoko Ono. Un éxito sin precedentes no pudo evitar siquiera que los Fabulosos Cuatro tuvieran una amarga ruptura, y por separado, Paul, John, George y Ringo jamás consiguieron las cotas que alcanzaron como grupo. Esto me lleva a pensar que los equipos ganadores del mundo de los negocios suelen acabar cada uno por su lado, y a menudo llenos de rencor.

Tres factores, por encima de otros, pueden precipitar la ruptura de una sociedad. En primer lugar, es obvio que los logros transforman a la gente. En cuanto alguien alcanza estatus y fortuna, cambia su actitud respecto a compartir el botín y la gloria. Poco a poco va abrigando la sospecha de que, en realidad, todas las jugadas inteligentes y todos los progresos fueron idea suya, y llega a la conclusión de que él era el único que trabajaba de verdad. Por todo ello, cree que se merece la mayor parte de los aplausos. Es así como se va instalando el resentimiento y llega un momento en que se produce la ruptura.

Sucede muy a menudo que los recuerdos de los primeros días se confunden. La gente se atribuye el mérito por el trabajo o las ideas de los demás, olvidándose de cuánto apoyo necesitó en los comienzos. Con frecuencia he sido testigo de algunos acuerdos en los cuales el reparto inicial del botín provoca problemas más adelante, a pesar de que fue lo que se acordó en su día. Aquellas condiciones estuvieron muy bien para aquel momento, se dice. El arrepentimiento es una tendencia peligrosa.

El segundo factor es que la situación personal de la gente evoluciona conforme esta se hace mayor. Por lo general, las personas se casan, tienen una familia y cambian sus prioridades en la vida. La pareja y los hijos son lo más importante entonces para el empresario, por encima de su negocio y de la sociedad sobre la que se cimentó. Hace algo de dinero, luego la avidez y la ambición decaen... y es posible que decida abandonar toda la lucha a cambio de una existencia más plácida.

También puede forzar la ruptura de la sociedad una enfermedad. Tanto en Microsoft como en Apple, un solo fundador de la empresa llegó a consolidar su posición y a hacerse famoso: Bill Gates, en la primera, y Steve Jobs, en la segunda. En ambos casos hubo, así mismo, un cofundador que cayó enfermo y debió abandonar (Paul Allen y Steve Wozniak respectivamente). El hecho es que para llevar adelante grandes organizaciones se necesita una gran energía, y a muchos puede resultarles demasiado pesada la intensidad y las responsabilidades que conlleva la tarea.

El fracaso suele hacer que aparezcan los puñales. Todos empiezan a culpar al otro de los problemas. Me deja atónito el número de veces en que los directores ejecutivos esgrimen el argumento de que ellos no eran personas de números, y que el director financiero era el único que entendía qué era lo que iba mal y por qué se quedaban sin liquidez. Con todas las recriminaciones que se hacen en una separación, son inevitables los litigios. Como de costumbre, los que más ganan son los abogados.

Pero ya basta de rupturas. Veamos qué pasa con las uniones. ¿Cómo se conocen los socios? A menudo da la impresión de que el encuentro de los magnates en ciernes se produce de forma azarosa. Yo conocí a mi primer socio comercial, Gary Ashworth, a comienzos de los años noventa cuando traté de hacerme con su empresa de selección de personal y fracasé. Y conocí a mi socio Paul May cuando invertí en la empresa minorista que él dirigía.

William Hewlett conoció a David Packard cuando ambos jugaban en el equipo de fútbol de Stanford. Charles Rolls, el aristocrático vendedor de automóviles, conoció al ingeniero Henry Royce a través de un amigo común llamado Henry Edmunds en el hotel Midland, de Manchester, en 1904.

Teniendo en cuenta que el azar parece ser un factor clave para la formación de grandes sociedades, quizá el mejor consejo que pueda dar a los que quieren constituir una sea que salgan de detrás del escritorio y se expongan en todo momento a la casualidad. En suma, les recomiendo que establezcan contactos.

Establecer contactos

Son muy convenientes las reuniones donde los propietarios de negocios pueden compartir sus experiencias y oír nuevas ideas. En su época, la Cámara de Comercio o el Rotary Club cumplían esta función en Reino Unido. Antes que ellos, puede que lo hicieran incluso los clubes para caballeros de Saint James o los clubes de campo de los Hamptons. Pero ya no es suficiente.

A las nuevas generaciones de líderes de los negocios estas organizaciones les pueden resultar un tanto estiradas y anticuadas. Como respuesta a esto fundé el Mandrake Club, un lugar abierto a quienes tenían empresas y donde podían reunirse una vez al mes. Era una ocasión para relacionarse: para sellar acuerdos, encontrar inversores y socios, contratar personas, hacer clientes, contactar con proveedores, etcétera. Lo lancé porque tenía la sensación de que no había ningún espacio similar donde los empresarios pudieran intercambiar información y hallar inspiración en personas que pensasen como ellos. El club todavía sigue funcionando.

En el siglo XXI, esos foros se han trasladado a la red. Actualmente, muchos ejecutivos conectan entre sí a través de webs como Linkedin.com, que se atribuye setenta y cinco millones de usuarios en doscientos países.

Opino que a estos portales les falta algo por funcionar solo en internet: creo que relacionarse en la red no puede sustituir a la conexión que se establece cuando realmente se conoce a alguien cara a cara. A pesar de ello son herramientas, nada más. Estas redes digitales también plantean auténticos problemas de privacidad —nunca serán más efectivas que las recomendaciones personales de un amigo real—, y eso por no hablar de las verdaderas motivaciones de algunos de sus miembros, que al parecer solo están en ellas para enviar correo basura a los demás.

Para mí, las mejores redes de contacto para los empresarios son las que se establecen en el ámbito local, con una renovación constante que posibilite mantener la novedad. No deben perseguir el lucro ni tener pretensiones y hay que enfatizar la interacción de los socios para beneficiarse mutuamente, tal vez con el añadido de un fin altruista. Lo ideal es que abarque todos los sectores y las edades, contando con veteranos que den consejos a los recién llegados. Deberían integrarlas empresas incipientes, negocios familiares y firmas consolidadas. Levantar una empresa nunca es tarea fácil, y el mejor apoyo proviene siempre de los que ya lo han hecho antes. Basta con no olvidar la famosa frase de Adam Smith: «La gente del mismo sector raras veces se reúne, ni siquiera para divertirse, pero cuando lo hace la conversación acaba siempre en una conspiración contra los consumidores o en alguna artimaña para subir los precios». En la actualidad eso es un delito.

Círculos y clubes: los lazos que unen

Según parece, en todas las profesiones suele haber un pequeño círculo de personajes que maneja el cotarro. En la mayor parte de los sectores se los puede reunir alrededor de una mesa. Después de todo, en las economías maduras los mercados están dominados, generalmente, por un puñado de operadores: si se consigue reunir a los propietarios, los fundadores y las cabezas de esas empresas, no acostumbran a llegar a la veintena.

Existen un respeto mutuo y una cooperación ocasional entre esos directivos, pero ¿se conspira contra el consumidor? Adam Smith lo creía; yo no. Lo más probable es que los miembros de esos grupos pasen el tiempo conspirando los unos contra los otros.

En la línea de fuego, los líderes de los negocios compiten ferozmente por el poder, la fama, el dinero, la cuota de mercado, el personal, la propiedad y los premios. Y, volviendo a Adam Smith: «La rivalidad y la emulación hacen que la excelencia y, frecuentemente, la ocasión sean los mayores esfuerzos». La ambición personal y la corporativa conspiran contra los monopolios al sembrar la discordia dentro del círculo.

Sería interesante llevar la cuenta del tiempo que suelen permanecer en el cargo las grandes figuras. Supongo que a la mayoría de los recién llegados se les suele pedir que se sienten a la mesa principal cuando tienen alrededor de los cuarenta años. Si lo hacen bien o trabajan duro, es muy probable que a los cincuenta y cinco piensen en dejarlo, pero durante quince años o más llevan la voz cantante, a menos que cometan un error de bulto. Y puesto que hay un número limitado de sillones alrededor de la mesa para impedir un revés en el sector, los cambios de ocupantes suelen ser bastante lentos y se producen bien porque alguien se retira, bien porque algún principiante ocasional desafía a los caballeros (o las damas) veteranos.

En sectores que concentran gran capacidad emprendedora, como el de los restaurantes, la mayor parte de los ejecutivos están en la poltrona porque han creado o transformado ese negocio. En los años transcurridos desde que formé parte de un grupo que tomó el control de PizzaExpress, los miembros de ese equipo han participado en muchas empresas radicadas en Gran Bretaña, entre ellas Strada, Gourmet Burger Kitchen, Patisserie Valerie, Giraffe, Wagamama, Belgo, Tootsies. Un árbol genealógico permitiría visualizar las alianzas y filiaciones entre todas esas organizaciones.

A primera vista, los empresarios no son por naturaleza proclives a formar clubes. Existe la percepción popular de que son personas solitarias y con una mentalidad independiente dispuestas a crear un mundo propio, aparte de la multitud. Sin embargo, son en su mayor parte personas extrovertidas que habitualmente necesitan entablar relaciones sociales e intercambiar tarjetas de visita.

El emprendedor en ciernes debe dar rienda suelta a la necesidad de socializar, y aprovechar la que sienten los demás: salga, pues, de la oficina y empiece a hacer contactos. Es poco probable que se tropiece con una asociación como la de los masones, cuyos miembros se reúnan en secreto para engañar a sus clientes, pero si sabe dónde buscar, encontrará importantes concentraciones de poder, contactos y conocimientos técnicos que puede aprovechar en su propio beneficio.

La figura del mentor

Tanto en épocas de bonanza como en períodos de crisis, ser el jefe de una empresa es una tarea solitaria. No hay escapatoria posible. Puede resultar desolador estar arriba, en el puente de mando del navío, tratando de capear el temporal. Hay que tomar decisiones difíciles, y todos culpan al capitán cuando no se han sabido sortear los escollos.

En las sociedades anónimas hay consejos de administración y puede que un presidente para brindar sabios consejos al director general, pero en las empresas privadas no suele haber nadie que asesore a quien está al frente. Por supuesto, ellos escogieron ser el líder, tomar el mando y llevar la voz cantante, pero de vez en cuando hasta los más fuertes necesitan una palabra de aliento, un oído comprensivo y un aliado de confianza. Como dijo Chejov: «Las personas que llevan una vida solitaria siempre tienen algo en mente de lo que les gustaría hablar».

El sector de la gestión ha acuñado en los últimos tiempos palabras como «mentor» y «entrenador» (*coach*) para describir lo que es, en realidad, un arte muy antiguo. Esta terminología reciente puede ser una excusa para que ejércitos de consultores cobren a los ejecutivos sumas escandalosas por unos cuantos consejos que, sin duda, podrían conseguir gratis en otra parte.

Desde tiempo inmemorial, los que ocupan puestos de dirección han buscado confidentes para revelarles los sinsabores de su cargo y con quienes analizar las decisiones difíciles. Todos necesitamos una persona honesta y discreta, alguien capaz de comprender, de ofrecer la perspectiva de un veterano sobre cuestiones relativas al negocio y a la vida. No se trata de una terapia ni de algún tratamiento clínico, sino de un impulso ocasional a la confianza de uno y una palabra de advertencia de un jugador avezado que ha pasado por todo eso antes. En mi opinión, está más próximo a la filosofía que al rollo de la gestión.

Podría decirse que mi primer mentor fue el doctor John Stein, mi tutor en la universidad. Estuvo a mi lado cuando deberían haberme expulsado por no aprobar los exámenes el primer curso, y se mostró entusiasmado ante la idea de que siguiera una carrera comercial cuando quedó claro que la medicina no era mi vocación. Década tras década he tenido la suerte de poder recurrir a distintos socios y amigos si precisaba una tabla de salvación o un apoyo, a figuras a las que uno puede agarrarse en momentos de aislamiento. Y de vez en cuando también he intentado ayudar a aspirantes a empresarios en sus primeros pasos, empezando siempre por revelarles mi regla de oro: jamás des una garantía personal (de esto hablaremos más adelante).

La pasión del fundador

En el fundador de un negocio hay una fuerza vital elemental. Dar vida a una empresa nueva e importante requiere un tipo especial de genio y de valor. Los inventores y los creadores son diferentes de los directivos, los inversores y los herederos. Mi viejo pariente Tom Cassidy, el legendario fabricante de juguetes, era una de esas personas poco comunes.

Tom se formó como tallador de herramientas y empezó en 1945 haciendo diminutas botas de patinaje en un cobertizo que había en la parte trasera de la casa de su madre. En 1950, su hermano Joe se había unido a él y ambos registraron la marca Casdon. Seis años después, su empresa, Cassidy Brothers Limited, se trasladó a una fábrica construida específicamente para ellos en Blackpool. Con el tiempo, llegó a convertirse en la más grande de la ciudad y se especializó en la producción de versiones en miniatura de enseres domésticos para niños. Salió a bolsa en 1989 y sus acciones siguen cotizando aunque, en el fondo, es una empresa familiar.

Tom era un personaje fuera de serie, con un gran sentido del humor y una energía extraordinaria. La industria juguetera tiene un marcado carácter estacional y es muy inestable, pero Cassidy Brothers ha disfrutado de cincuenta años de éxitos, una hazaña infrecuente en un sector sumamente competitivo y que está dominado por empresas extranjeras. Para mí, Tom fue el paradigma del emprendedor con agallas que se ha hecho a sí mismo: lleno de confianza, adaptable, con marcada personalidad y una especie de grandeza irresistible.

A mayor escala, yo diría que Henry Ford es un fundador clásico. Su visión —la producción en serie de un automóvil barato y para todos— fue realmente rompedora. También él inició su carrera como ingeniero y llegó a dirigir la Edison Illuminating Company, en Detroit. En 1899, a los treinta y seis años, la abandonó para montar su propio taller de coches. Al principio tuvo socios, pero al crecer el negocio, Ford consiguió deshacerse de ellos y en 1904 se convirtió en socio mayoritario de la Ford Motor Company.

En 1908 lanzó el celebérrimo Ford T, que se vendía por 825 dólares. No tardó en convertirse en el paradigma de la aplicación con éxito de las técnicas de montaje en cadena instituidas por el propio Ford. Al final de la Primera Guerra Mundial, casi la mitad de los automóviles del mundo era un Fort T, un logro realmente sorprendente.

Henry Ford reunía todas las características de los grandes fundadores de empresas: imaginación, diligencia y popularidad, así como carácter autocrático. No había nada capaz de apartarlo de su determinación expansiva. Libró una ardua batalla legal por una patente con la que se proponía abarcar todos los vehículos de gasolina, y obtuvo una resonante victoria al apelar y con ello liberar a todo el sector automovilístico de pagar anualmente derechos por valor de millones de dólares a una voraz unión bancaria. Más adelante libró batallas políticas extremas y su negocio se fue al garete, pero, con todos sus defectos, fue el mayor empresario de la industria automovilística de todos los tiempos.

Durante décadas, mientras la Ford se mantuvo bajo el control de la familia, el genio comercial y técnico de su fundador eclipsó a todos sus sucesores, hasta tal punto que la empresa tuvo que luchar por mantenerse a flote. El hijo de Henry, Edsel, fue el primero en sucederlo, pero murió joven —tenía apenas cuarenta y nueve años— y nunca estuvo a la altura de su progenitor. Otros descendientes han disfrutado de diversos grados de éxito como directivos de Ford, una dinastía incapaz de escapar a la influencia de la tenacidad y la ambición desmedidas del patriarca.

Nadie, en ninguna empresa, puede suplantar al fundador. La pasión y la clarividencia de este son únicas, y las estructuras directivas jamás igualan la energía y la convicción que el emprendedor pone en su creación.

Las familias tienen una particular dificultad para hacer evolucionar un negocio tras la muerte de un patriarca. Esto podría deberse a que, por más que se haya retirado, el fundador nunca se va del todo, o tal vez a que su hijo (por lo general, se trata de un padre y su hijo) no puede dejar de preguntarse: «¿Qué habría pensado papá sobre esto?». Casi siempre preserva el legado de su progenitor, aunque el fundador fuera realmente de los que trastocan el orden establecido para crear desde cero.

Los que heredan suelen asumir la actitud de un guardián, y carecen de la audacia y la falta de miramientos propias de todo fundador. Además, los administradores no tienen la misma intensidad emocional que permite al creador salvar obstáculos tan enormes.

Muchas de las personas más fascinantes que he conocido son fundadores de un negocio: difíciles, exigentes, incluso imposibles de tratar..., pero brillantes.

Los grandes empresarios emprendedores son también notables motivadores que saben cómo infundir entusiasmo en sus socios y en su personal con su propia pasión por el negocio. Esto lo consiguen con su carisma, con incentivos financieros, con trabajo duro, con su dominio del conocimiento y con su liderazgo desde la primera línea.

Los fundadores se ganan el respeto gracias a su capacidad para escuchar, para identificar el talento y aprovechar las habilidades de los demás. Los fundadores no se quedan con todos los aplausos, sino que reconocen los verdaderos méritos de su equipo y felicitan a quienes lo hacen bien.

Gestión de abajo arriba

En un momento dado, los empresarios más exitosos se enfrentan a la necesidad de contratar a un director de personal o de asumir ellos mismos tal función. Es imposible insistir demasiado en la importancia de la buena gestión o de las dificultades asociadas con ella.

Del mismo modo que suelen encontrarse pocos individuos realmente admirables en el viaje por la vida, he conocido solo a un número reducido de gestores destacados. El motivo de que pocas organizaciones estén bien dirigidas no es que sea una cuestión complicada; es que una buena gestión requiere más disciplina y esfuerzo de los que la mayor parte de los directivos pueden desarrollar. La práctica de la buena gestión es muchas veces el sentido común, pero los gestores tienen algo más: unos valores muy arraigados.

Recomiendo *The Puritan Gift*, de Kenneth y William Hopper (I. B. Tauris, Londres, 2009), uno de los mejores libros de gestión que he leído en años. Es una obra de historia que muestra cómo los valores que apuntalaron el extraordinario crecimiento de Estados Unidos en el transcurso del siglo XX, como la energía, la competitividad y la capacidad de innovación, tuvieron su origen en el ethos personal de la primera oleada de inmigrantes que llegó a América.

También podría considerarse un estudio de cómo el sistema financiero estadounidense, que está perdiendo esos valores, se ha ido al garete. Ese libro debería ser lectura obligatoria para quienes se interesan por el sistema capitalista y para todos los que ocupan altos puestos en el mundo de los negocios.

Las mejores empresas tienen una gestión de abajo arriba. Eso significa que los empleados que están en contacto con los clientes o que ejecutan las operaciones le dicen al jefe lo que funciona, y no al revés. Ello supone delegar responsabilidades para otorgar poder al personal.

Los líderes autoritarios, dictatoriales, que no están en contacto con sus empleados no consiguen un éxito sostenido. Me contaron de un gerente general de una gran editorial que, cuando la alarma de incendios se disparaba accidentalmente, solía llamar a su chófer para que lo recogiera ante la puerta y así poder rodear el edificio en su limusina sin tener que mezclarse con su personal frente al edificio. No es de extrañar que el negocio tuviera un rendimiento insuficiente y él acabara siendo reemplazado.

Otra característica de los buenos directores es que su plan de gestión es a largo plazo.

Los movimientos estratégicos repentinos como respuesta a objetivos trimestrales o las medidas de corto plazo son perjudiciales. Esta es la razón por la cual la administración familiar a medida supera a las compañías que cotizan en bolsa o al capital privado como forma de propiedad. Las empresas Mittelstand de Alemania, que son fundamentalmente de propiedad familiar, son la piedra angular de su economía: a menudo cierran operaciones de primer nivel que apuestan por una financiación prudente, e invierten en capital y en investigación y desarrollo. Los incentivos, en todos los ámbitos, suelen ser a largo plazo.

Los mejores administradores tienen conocimientos reales de su ámbito. Esto significa que comprenden su sector y son expertos en su campo, lo cual les permite ganarse el respeto de sus colegas y los hace poseedores de una perspectiva real de la economía vital para su profesión o nicho de mercado.

Cuando entrevisto a un director o un gerente, le hago preguntas sobre sus clientes y también sobre sus competidores. Los ganadores natos suelen conocerlos íntimamente, y podrían hablar durante horas acerca de los puntos fuertes y los débiles de sus rivales. Los administradores generalistas, que afirman que pueden aplicar sus habilidades a cualquier sector y obtener resultados impresionantes, son en su mayoría una ilusión ingeniosa. Por ese motivo prefiero la experiencia real en una línea de trabajo, o la cualificación en un sector determinado, a un máster en administración de empresas.

Por lo general, las empresas que más admiro están dirigidas por equipos. Si bien todo negocio necesita un jefe supremo, las mayores organizaciones del siglo XXI son demasiado complejas para que una sola persona mueva todos los hilos. Los éxitos perdurables tienen en los puestos más altos a varias personas de gran cualificación que trabajan cohesionadas y comparten responsabilidades que abarcan diversas divisiones y disciplinas.

Los ejecutivos más capaces encuentran, alientan y conservan el talento, y saben delegar y se prodigan en elogios con sus subordinados.

Jamás atienden a los aduladores; antes bien, prefieren contratar a personas ambiciosas que los ponen a prueba y que algún día podrán reemplazarlos.

Otra característica de los grandes triunfadores es que buscan mejorar constantemente con pasos pequeños pero sustanciales, un proceso que a veces se designa por su nombre en japonés: *kaizen*. Se fundamenta en la idea de que las cosas nunca son perfectas y siempre podrían mejorarse. Es la aceptación de que resulta improbable que los cambios llamativos den los mejores resultados; el progreso incesante, gradual, debería ser el objetivo.

Como de costumbre, esto es fácil de decir pero difícil de llevar a cabo. Se requiere una auténtica fuerza de voluntad y confianza en uno mismo, y estas son raras cualidades.

En muchos aspectos, dirigir un negocio de reciente creación es mucho más complicado que hacer funcionar uno ya consolidado. En una empresa nueva no hay sistemas ya probados ni expertos en cada departamento. Es necesario aprender todo desde cero. Esto a menudo lleva al fundador a encargarse de todas las tareas, y de esa manera identifica los riesgos y descubre cómo hacer el trabajo debidamente.

Durante un tiempo fui friegaplatos en Belgo Centraal, uno de los mayores restaurantes de Londres, que, en un día animado, puede llegar a servir mil comidas. Nadie se da cuenta de lo duro que es ese trabajo hasta que se sumerge hasta los codos en el agua jabonosa.

El fin de los jefes pigmeos y de los líderes grises

Shakespeare afirmó: «No todos podemos ser amos»; es decir, que algunos tienen que liderar y otros han de seguirlos. Pero ¿quién debe tomar el mando? Hay muchas escuelas de negocios que creen que pueden dar lecciones de liderazgo. Otras abogan por la formación de ejecutivos. Yo tengo mis dudas sobre ese aprendizaje formal para algo tan difícil de definir como es el liderazgo. No se puede estudiar cómo ser el jefe en un polvoriento libro de texto ni en una sala de conferencias: se trata de una habilidad que o bien es innata, o bien se adquiere desempeñando el cargo.

Por desgracia estamos en una época de jefes pigmeos y líderes grises. Son muy pocos los que tienen auténtico olfato para los negocios o un auténtico dominio de la escena. Los líderes carismáticos han sido reemplazados por comités. En la actualidad, muchos jefes son simples administradores o burócratas que han ascendido inmerecidamente.

¿Dónde están los aventureros como lord Hanson o Jimmy Goldsmith o los constructores de imperios como Joseph Lockwood de EMI, Lew Grade de ATV o Ernie Harrison de Racal?

Es cierto que los jefes no necesitan llamar la atención para triunfar. Stuart Williams, el cofundador de Topps Tiles (antiguo inversor mío), es un caso aparte por su modestia. Y sir John Rose, de Rolls-Royce, ha sido un director general de bajo perfil pero de brillante desempeño.

Por desgracia, los medios tienen propensión a despellejar a quien no reúna todas las condiciones o no encarne a la perfección las ideas ortodoxas. Así los conservacionistas ocupan el centro de la escena, demasiado temerosos de abrirse camino con políticas comprometidas, tratando siempre de conformar a todos.

No es así como se levantan las grandes empresas. Las grandes empresas las construyen hombres y mujeres seguros de sí mismos que entienden la máxima de Goethe: «Hagas lo que hagas, o sueñes que puedes hacer, ponte en marcha. La audacia lleva en sí misma genio, poder y magia. Empieza ahora». En lugar de eso, las empresas están controladas en muchos casos no por titanes de la sala de reuniones, sino por oscuros gestores de fondos de inversión, críticos sin rostro y expertos en la dirección de empresas que jamás han estado al frente siquiera de un puesto en un mercadillo.

> *Los grandes espíritus han tropezado siempre con la oposición enconada de los mediocres.*
>
> ALBERT EINSTEIN

Los gurús de la dirección identifican el elevado «cociente emocional» —es decir, la capacidad de mostrarse empático con los demás, también llamada «inteligencia emocional»— como uno de los atributos de un líder destacado. El principio tiene sentido, aunque puede parecer exagerado. No cabe duda de que la empatía contribuye, pero el talento más importante de los líderes que he conocido es la capacidad para tomar decisiones.

Al personal le gusta un jefe que, por encima de todo, es firme en sus decisiones, que le señala con claridad el rumbo a seguir. De hecho, puede que sea mejor tomar una mala decisión y corregirla luego que verlas venir y dejar las medidas para más tarde.

Los intelectuales no suelen ser grandes líderes porque lo complican todo en exceso. Si a alguien le asignan la tarea de dirigir algo, siempre debe tener presente la necesidad de simplificar.

Los modernos directores muchas veces prefieren la teoría a la práctica. Un verdadero líder debe propender a la acción y ha de mostrar cierta impaciencia respecto del orden actual de las cosas. Y los mejores líderes poseen una gran fuerza de voluntad, que está por encima de la cualificación y la sensibilidad cuando se trata de hacer realidad los proyectos.

Por lo general, no son tipos muy técnicos pero saben inspirar y motivar. No me interesan los conformistas grises que, aunque aciertan, carecen de recursos y de entusiasmo. Me desespero cuando veo cuántas empresas son dirigidas por especialistas en números sin el menor sentido del humor. Esas personas entienden de finanzas, y saben ser prudentes, pero la cautela no puede ser jamás la clave para un personal motivado.

Por último, los mejores líderes deben ser ganadores. Puede que solo acierten poco más de la mitad de las veces, pero eso también puede llevar a la victoria. El hecho es que las empresas pequeñas y ágiles en ocasiones superan a compañías grandes que se han anquilosado. Sucede a menudo que estas últimas se centran más en la política empresarial que en mantener satisfechos a los clientes y al personal. El propietario de una empresa pequeña pone en juego su entusiasmo y su toque personal, lo cual puede marcar una enorme diferencia.

Como todos, los líderes triunfadores necesitan mucha suerte y sentido de la oportunidad. La gran pasión y la ambición que poseen hacen que tengan una comprensión intuitiva de los ciclos y de los mercados, y jamás permiten que su audacia —o su empecinamiento— los arrastren a la ruina. Poseen resiliencia para esquivar a esos buitres que estarían encantados de verlos fracasar. Elevan la moral, y tienen la energía necesaria para llevar a buen puerto el buque y el sentido que se requiere para hacerse a un lado antes de caer en la complacencia o dejarse sobornar.

Qué hacer con el talento

Todo el que busca emplear a personas con talento sabe que es una materia prima que no abunda. El empresario debe remover cielo y tierra para encontrarlo, pero después habrá de procurar no estar a merced de las estrellas que ha contratado.

Podría decirse que, en algunos sectores, el ente empresarial parece tener la finalidad de enriquecer a sus altos directivos, mientras que los inversores reciben magros dividendos activos.

Examinemos el caso de los clubes de fútbol: los directivos y los jugadores estrella suelen llevarse toda la gloria, mientras que los accionistas siempre pierden dinero. Las historias de insolvencia corporativa de los clubes son legión. Recuerdo a un ex propietario del Everton que me confesó que haber comprado el club fue la peor decisión de su carrera. No solo perdió dinero, sino que además tuvo que aguantar que los aficionados le escupieran y arrojaran ladrillos contra la ventana de su salón. Los clubes de fútbol son fundamentalmente asociaciones de caridad en beneficio financiero de su plantilla. Y lo mismo sucede con la mayor parte de los bancos de inversión.

Ocurre muchas veces que el talento somete a sus designios a las empresas por ese mito de que las ideas son las que crean valor. No me cansaré de repetirlo: la ejecución es lo que importa.

Hay mucha gente capaz de imaginar algo original, como una película, una canción… o una estructura financiera. Pero esas ideas necesitan inversión, y deben ponerse en práctica y comercializarse. Casi todos los grandes proyectos precisan del trabajo en equipo de cientos de individuos laboriosos que luchan —todos— por sacar adelante el producto. El capital intelectual está disperso. Posiblemente los altos directivos de los bancos, de las compañías discográficas o de los clubes de fútbol, entre otros, sean presas fáciles para astutos operadores. Y muchos ejecutivos de las corporaciones vinculan implícitamente su remuneración y sus beneficios a las retribuciones en continuo aumento del talento «especial». Ese tiovivo de remuneraciones excesivas conviene ciertamente a quienes custodian la riqueza del accionista.

Los sectores tradicionales con utilización intensiva de capital, como el sector industrial, son menos proclives a esa enfermedad de «todo para el ganador». Las economías occidentales dependen peligrosamente del tipo de empresas de servicio donde los talentos excepcionales pueden chantajear a la compañía.

Los propietarios y los directivos tienen el deber de no hacer caso de ese chantaje y han de invertir en jóvenes promesas más que en avariciosos profesionales encumbrados. Hay mucho genio por ahí, y montones de sustitutos capaces de igualar a los grandes nombres en las apuestas de calidad (aunque muchos cazadores de talentos sostendrían lo contrario porque también ellos están pendientes de las gangas).

Nadie es irreemplazable. Hace falta valor para enfrentarse a las exigencias de una apuesta tan segura como cara y probar con alguien nuevo, pero muchas veces vale la pena correr el riesgo.

La combinación inteligente de una remuneración acorde con el rendimiento e incentivos de capital es la clave para atraer y retener a la gente idónea. Siempre hay que estar dispuesto a diluir un poco la propiedad para mantener a los contratados que convienen. No obstante, es inteligente asegurarse de recuperar esos instrumentos si las nuevas adquisiciones se marchan demasiado pronto: las acciones y las opciones deben otorgar derechos poco a poco.

Problemas internos

Es triste reconocerlo, pero si un empresario contrata al número suficiente de personas, tarde o temprano habrá un ladrón en la plantilla. La mayor parte de los miembros del personal son honestos, pero resulta tedioso y deprimente tener que ocuparse de los pocos que no lo son. De todos modos, el aspirante a empresario debe estar dispuesto a aprender de cada experiencia, y el robo dice mucho sobre la psicología del lugar de trabajo.

Al comienzo de mi carrera aprendí una lección sobre los tejemanejes con los gastos. En aquellos días conocí a un curtido promotor de minas en Australia que se dedicaba a absorber empresas y a despedir a los directivos... por lo general, sin problemas. Me explicó cuál era su técnica: el mismo día que compraba la empresa iba al departamento de cuentas y examinaba exhaustivamente los formularios de dietas de cada uno de los altos ejecutivos para detectar chanchullos. Era muy difícil que no acabase con material incriminatorio suficiente para echar al que quisiera.

Para algunos, inflar los gastos es cosa habitual, una manera de aumentarse el sueldo. Sospecho que contribuye a hacer que los restaurantes elegantes sean negocios pujantes: algunos de los lugares de encuentro de los que fui propietario, como The Ivy, obtenían al menos un tercio de sus ingresos generales de las cuentas de empresa. Me pregunto cuántas de esas comidas «de negocios» son costes legítimos resultantes de verdaderos encuentros de trabajo. El fraude en los gastos es un juego peligroso con una historia ignominiosa. Seguramente todos recordarán muy bien el escándalo de los gastos de los parlamentarios británicos en 2009, pero mis honorabilísimos compatriotas no están solos en esto. El ministro de agricultura de Japón, Toshikatsu Matsuoka, se suicidó después de haber pasado gastos por valor de ciento veinte mil libras en alquileres de su oficina parlamentaria, a pesar de que esos servicios son gratuitos en los despachos gubernamentales. El director general de Tyco, Dennis Kozlowski, dio el visto bueno a cientos de millones de préstamos no autorizados, así como a regalos para sí mismo y para otros ejecutivos. No se conformó con hacerse rico. Cuanto más ganaba, de más se apropiaba en tratos turbios. Acabó con una sentencia de veintisiete años de cárcel.

¿A qué se debe que gente tan bien remunerada se empeñe en timar a sus empleadores? Por lo general, no es porque necesiten el dinero. Lo hacen porque se sienten explotados o porque odian a su jefe… o simplemente porque les gusta el riesgo. Es la misma subida de adrenalina que experimentan algunas personas que se van sin pagar la cuenta de un restaurante aunque no les falte dinero. Las investigaciones sugieren que los hombres a menudo cometen fraude con los gastos para impresionar al sexo opuesto. Según otro estudio que he leído, al parecer lo hace uno de cada cinco trabajadores. Por lo visto los que así actúan casi nunca tienen sentimiento de culpa, tal vez porque es raro que los pillen.

Podría afirmarse que el comportamiento de Kozlowski se debía a una forma de narcisismo nacida del éxito. Con Kozlowski, Tyco aumentó su capitalización bursátil en un siete mil por ciento; es posible que eso fomentara en Kozlowski la sensación de que él y la empresa eran una misma cosa, y como no es posible robarse a sí mismo…

Lamentablemente, esa sensación equivocada de derecho genuino no se limita a los directores generales de gran éxito. Puede darse en cualquier puesto. Ya he mencionado que una de las primeras empresas con cotización en bolsa en la que participé hace casi veinte años tenía cuentas que inflaban los ingresos y ocultaban los pasivos, tal vez porque el director financiero era uno de los socios principales de los auditores. Hago constar que Kozlowski también tenía formación como auditor. Hoy en día, prefiero que los auditores sean personas modestas y sin pretensiones. ¡Bienvenidos al mundo de las altas finanzas!

Otras empresas de las que fui propietario han sufrido casos de empleados fantasma, cheques y billetes falsos, robos simulados, chanchullos con las tarjetas de crédito, reembolsos fraudulentos, pagos a supuestos proveedores, facturas con soborno, empleados que trabajaban para la competencia y tipos que metían directamente la mano en la caja. No creo que mis experiencias sean peores que las de la mayoría. Si existe la posibilidad de un robo o un fraude en una empresa, se producirá. Las sumas no suelen ser muy grandes y, por lo general, los ladrones son aficionados, pero los resultados son decepcionantes ya que siempre están rodeados de mentiras, traiciones y otras conductas turbias, que en ocasiones llevan al empresario a desconfiar de la naturaleza humana.

Los empresarios curtidos suelen ser más desconfiados y cínicos que los principiantes. Empezamos confiando en la gente y acabamos sospechando que nos va a robar. A esto se debe que se gaste tanto en seguridad. Por desgracia, hay que estar siempre vigilante, especialmente en negocios que generan dinero en efectivo, como los comercios o los restaurantes. Detesto los eufemismos como «merma» que usan los propietarios de este tipo de negocios para referirse a los costos de los hurtos. Hace que el delito casi no lo parezca. Sin embargo, esos costes representan miles de millones al año para los minoristas, a pesar de todo lo que se gastan en seguridad. Y a ello se suman los miles de millones que birlan los empleados. No es una merma, es un robo.

Dramas en la vida privada

Todo aquel que haya tenido responsabilidades de dirección sabrá que la vida privada de sus empleados influye en el desempeño de su trabajo. Vanni Treves, mi antecesor como director de Channel 4, me dio un consejo al respecto. Dijo que entendía mucho mejor las motivaciones y el comportamiento de los ejecutivos cuando tenía conocimiento de los hechos pertinentes de su situación personal. Su consejo es sensato. Cualquier jefe que se precie debe conocer las circunstancias domésticas de sus subordinados para poder ayudar en caso de que surja una crisis. Eso no significa entrometerse, pero sí que hay que tener cierta idea del entorno de quienes te rodean. Ya he mencionado que hace algunos años fui socio en un negocio inmobiliario cuyo jefe ejecutivo tenía una esposa con problemas relacionados con el alcohol. Yo había oído que el matrimonio iba mal, pero desconocía que ella fuese alcohólica. Llegó un momento en que el estrés de sus dificultades domésticas, combinado con las responsabilidades de dirigir una compañía, pudo con mi colega y casi sufrió un colapso nervioso. Como no podía ser menos, esto provocó problemas en la empresa y el consiguiente menoscabo de la inversión. Si yo hubiera conocido mejor la agitada vida doméstica de mi ex colega, podría haber reaccionado con mayor prontitud para evitar el inminente desastre.

Tom Perkins, cofundador de la legendaria compañía de capital de riesgo Kleiner Perkins, cuenta una historia autocrítica en su excelente autobiografía *Valley Boy* (Nicholas Brealey Publishing, Londres, 2008). En ella describe cómo respaldó a un empresario con quien había trabajado unos años antes. Dado que ya lo conocía, no se molestó en pedir referencias. Sin embargo, poco después de conseguir financiación, el empresario empezó a mostrar signos de paranoia muy acentuados. Llegó un momento en que Perkins comenzó a preocuparse y llevó a cabo cierta investigación de antecedentes. Lo que salió a la luz fue una historia de horror. El empresario era adicto a la cocaína, y había destrozado la vida de su familia y otra empresa anterior, a la vez que sus fosas nasales. Como era de esperar, el negocio fracasó, después de un dramón en el que no faltaron ni amenazas de muerte ni un desfalco. Menudo precio por respaldar a un empresario al que Tom Perkins no conocía tan bien como pensaba.

Todo empresario que recibe una financiación para su capital social debería saber que los inversores tienen derecho, tanto moral como práctico, a conocer los pormenores de su vida. Con frecuencia se contrata a empresas de detectives como Kroll y otras para hacer comprobaciones minuciosas sobre los directivos en caso de compra total de una compañía. Personalmente, considero oportuno conocer la valía y la situación real de una persona antes de dar respaldo a su plan de negocios. Quiero saber si alguien ha pedido mucho dinero o si tiene importantes gastos financieros. Los bancos siempre solicitan chequeos médicos como parte de los trámites para otorgar instrumentos de deuda. Esto es una sensata póliza de seguro. Cierta vez, ante la perspectiva de una negociación, descubrí que el director general de una empresa tenía un grave problema cardíaco. Ese descubrimiento hizo que la operación se fuera al garete.

La cuestión personal más común con que me he encontrado entre los asociados ha sido la crisis masculina de la mediana edad, con lo que suele traer aparejado: amantes, motos, drogas, dejarse crecer el pelo, hacerse la cirugía estética... Las repercusiones suelen ser nefastas. Ser consciente de que la vida se escapa suele formar con el engaño una combinación explosiva que desemboca en el divorcio, la desafección y la depresión, cuando no cosas peores. En una ocasión le ofrecí a un alto ejecutivo un período sabático de seis meses si renunciaba a sus planes de abandonar a su esposa y sus cuatro hijos pequeños para irse a vivir con su secretaria. Rechazó mi oferta, y siguió adelante con su proyecto de destrozar su matrimonio y su carrera.

No es necesario que los líderes hagan de terapeutas para sus empleados, pero un poco de psicología de manual no hace daño. Uno de los mejores directores de medios de comunicación que conozco dice que se pasa todo el día escuchando las tribulaciones de sus subordinados. En cuanto se han desahogado, abandonan su oficina sintiéndose mejor. Puesto que todas las empresas son negocios humanos, la simpatía, un cociente emocional aceptable y un toque de humanidad pueden contribuir a conseguir los mejores beneficios, tanto sociales como financieros.

Recursos humanos: un mal necesario

Demasiado a menudo, los empresarios creen que su compañía no está consolidada a menos que cuente con algunos cargos de nombre rimbombante en su sede central. La más atroz de esas necesidades imaginarias es el departamento de recursos humanos. La mera mención de sus populares siglas —RR HH— debería hacer que cualquier empresario que se precie se echase a temblar.

En su libro de 1970 *Más arriba en la organización* [Ediciones Folio, Barcelona, 1987], el brillante jefe de Avis, Robert Townsend (el creador del legendario lema «Nos esforzamos más»), da a entender que lo mejor que se puede hacer es prender fuego a todo el departamento de personal. Yo, por mi parte, lo he reducido radicalmente en varias de las empresas que he dirigido, y las cosas siempre fueron mucho mejor.

Sin embargo, vivimos en una época de agobiante legislación sobre el empleo, de modo que llevar debidamente los procedimientos legales puede ahorrar un montón de tiempo y de disgustos, y ese es el tipo de cosas de las que se ocupan en el departamento de recursos humanos. Puede que sea la definición misma de un mal necesario para una empresa del siglo XXI.

Como otros departamentos y áreas de las empresas modernas, el de recursos humanos supone un gasto y una carga que recae sobre la espalda de los trabajadores productivos. Otros departamentos que pueden convertirse en el enemigo son el de tecnologías de la información (TI), el legal y el de marketing. No venden ni producen, solo consumen. Constituyen los imprecisos servicios de apoyo. Muchas veces es más conveniente subcontratar estas actividades y retribuir al proveedor externo sobre la base de su rendimiento. Si no rinden, no se les paga y se los reemplaza por otros.

Es un gran error ceder a la presión para que se formen feudos: a los verdaderos líderes les importa el marcador final, no el partido ni el terreno de juego.

Por lo general, un equipo construye a su alrededor departamentos como el de recursos humanos para ampliar sus atribuciones y costar más dinero. Se contrata a consultores de compensación a fin de tener una excusa para pagar más a todos; se emplean asesores para distraer a todo el mundo de hacer su trabajo con cursos que no sirven para nada o para valorar las relaciones entre el personal. Se incluye en la plantilla a expertos para crear una Agenda Corporativa de Responsabilidad Social, sea eso lo que sea.

Toda esta parafernalia es aceptada como una práctica adecuada y esencial por las modernas tendencias de la dirección corporativa. Sin embargo, en buena medida no son más que tonterías con una gran carga burocrática.

Claro que los altos ejecutivos saben que los directores de recursos humanos son poderosos, algo así como el Mossad o la CIA. El personal conoce los sueldos de todo el mundo, sus bonificaciones y sus historiales disciplinarios. Los astutos políticos de oficina los cultivan, porque ayudan a decidir a quién se le aumenta el sueldo y quién es ascendido, cómo se redactan los contratos, qué trato recibe cada uno en caso de que se lleve a cabo una reestructuración, etcétera. Mientras tanto, los cazatalentos se pasan el tiempo cultivando su talento principal y barajando las cartas, aprovechando todas las circunstancias.

Tal vez sea una suerte que los vientos revitalizantes de un período de sequía ayuden a las empresas a desprenderse de gran parte de los departamentos administrativos sin sentido. Las empresas hacen recortes funcionales no esenciales y optan por la deslocalización para radicarse en otros países más baratos cuando pueden. Los legisladores que jamás han conocido una nómina se niegan a entender que cuando dan un tijeretazo a los derechos laborales, a la larga destruyen puestos de trabajo y frenan la prosperidad. A esto se debe que el desempleo sea tan elevado en países como España.

Los que ponen en marcha una empresa no pueden darse el lujo de contratar a un responsable de recursos humanos a tiempo completo. En lugar de ello deberían abonarse a uno de esos servicios que dan apoyo telefónico y por internet, o tal vez contratar a un empleado a tiempo parcial.

Tercera parte
Cuestiones de estilo

La vuelta al hombre del Renacimiento

En una ocasión asistí a la charla del elocuente presidente de una empresa con cotización en bolsa que figuraba en el índice FTSE-100.[1] Hizo el revelador comentario de que los empresarios de éxito «son menos interesantes y están menos satisfechos que veinticinco años atrás». También afirmó que la depresión clínica estaba alcanzando proporciones alarmantes entre los más destacados hombres de negocios. Sospecho que esto se refiere más a los altos ejecutivos de las corporaciones que a los directores-propietarios, pero no deja de ser una observación llamativa. ¿Por qué habrían de sentirse tan desgraciados los grandes triunfadores?

No cabe duda de que los dueños y los directivos de las grandes empresas tienen predisposición al estrés. Disfrutan sintiéndose presionados, y la adrenalina y los desafíos los motivan. Claro que si bien cierto grado de ansiedad es saludable, demasiadas preocupaciones pueden provocar desequilibrio e infelicidad.

1. El índice FTSE 100, pronunciado popularmente como *Footsie 100*, lo publica el *Financial Times*. Lo componen los cien principales valores de la Bolsa de Londres (London Stock Exchange). FTSE es un acrónimo de Financial Times Stock Exchange. *(N. de los T.)*

En la actualidad es imposible escapar al trajín diario: la intensidad de la competencia global, la ubicuidad de los teléfonos móviles, el flujo constante e instantáneo de mensajes y de correos electrónicos, y el ritmo del cambio económico y tecnológico. Los poderosos líderes de la industria actúan en muchas zonas horarias diferentes, tanto en casa como en la oficina o la fábrica, y les resulta mucho más difícil que antes desconectar. A pesar de los muchos días de vacaciones, no hay forma de evadirse de las preocupaciones del trabajo, de la lucha por el reconocimiento y del cumplimiento de los presupuestos pactados.

En otra época, nadie empleaba la expresión «adicto al trabajo». Daba la impresión de que los hombres de posición más próspera disfrutaban de una vida cómoda y equilibrada. Colaboraban con la comunidad e iban a la iglesia, y tenían una familia grande y unida. Hoy en día no sabemos con certeza qué es la comunidad, pocos tienen firmes creencias religiosas y cada vez es más frecuente que los magnates dejen a su primera mujer a cambio de lucirse con una belleza de revista. Las relaciones se desgastan en la lucha diaria. De todos modos, los jefes y los autónomos son proclives a la soledad, y el ajetreo y la falta de intimidad de la vida moderna solo pueden servir para acentuarla.

Las expectativas son mucho más elevadas que en generaciones anteriores. Si bien los capitanes de la industria siempre han sabido de otros con más dinero, fama y poder que ellos, ahora tienen más probabilidades de leer y oír sobre aquellos de forma más detallada que nunca gracias a la profusión de revistas y publicaciones «rosas» y «amarillas», así como de otros medios de comunicación y de difusión amigos del «colorín». Todo parece favorecer la decepción y obstaculizar la satisfacción. Con demasiada frecuencia, la ansiedad incansable y creativa de la persona ambiciosa puede transformarse en abatimiento y en una sensación de fracaso.

¿Realmente debe preocuparnos que algunos miembros de la élite capitalista sean pesimistas y desabridos? Creo que sí: sus decisiones nos afectan a todos. Si los forjadores de un negocio de éxito tienen estrechez de miras y son neuróticos, su personal sufre, sus familias sufren, su negocio sufre y es de prever que también sufra la sociedad en su conjunto. ¿Quién tiene más probabilidades de creer en el bien público: el emprendedor codicioso, o la persona ambiciosa que tiene una familia cohesionada y una vida al margen del trabajo?

Hay algunas respuestas a estos problemas.

Deberíamos reexaminar nuestra idea de que los líderes empresariales deben ser realmente obsesivos con su trabajo. ¿Entusiastas? Por supuesto, pero no hasta extremos patológicos.

Igualmente nociva es la creencia de que toda persona es buena solo en una cosa. De hecho, la mayor parte de la gente tiene talentos múltiples, y el fracaso en un ámbito no debería impedir el éxito en otro. La diversidad intelectual ayuda a aliviar el estrés y el aburrimiento, y puede acotar la competitividad compulsiva.

Los períodos sabáticos me parecen una excelente idea: son una oportunidad ideal para reflexionar y, quizá, para cambiar de carrera. El hombre del Renacimiento, una figura tradicionalmente denostada por los especialistas, que la tildan de diletante, podría muy bien ser el modelo para un realizador más equilibrado y ofrecer una contribución más útil.

Una vida laboral extenuante implica actividades sedentarias como reuniones y conversaciones telefónicas. En la actualidad, muchos médicos prefieren recetar la práctica de algún deporte como primer tratamiento para los pacientes que se quejan de depresión. El ejercicio puede ser una magnífica liberación y ofrece un agradable contraste con la sobrecarga mental de la actividad empresarial. Es una cura más natural que los medicamentos como el Prozac, aunque a menudo no se lo tiene en cuenta.

Mantener una buena forma física y sentirse más sano puede contribuir positivamente a una sensación general de bienestar. Expandir la mente y el cuerpo es el camino para conseguir mejores líderes y negocios más apasionantes, y es mi primer consejo para cualquier emprendedor desgastado por la lucha cotidiana.

Donde hay ambición...

Hay una frase fantástica de Joseph Conrad: «Para ser un gran autócrata hace falta ser un gran bárbaro». En ella se resume la brillante película *Pozos de ambición* (2007). El filme nos cuenta la historia de un monstruoso buscador de petróleo que amasa una gran fortuna pero destruye a cuantos lo rodean. Es una película indispensable para todo el que sienta curiosidad por el lado oscuro del sueño emprendedor.

Pero ¿es un reflejo fiel de la realidad? ¿Es necesario que los líderes empresariales sean obsesivos, hostiles y brutales? ¿O pueden ser personas sensibles y equilibradas?

Sin duda se me ocurren unos cuantos ejemplos de emprendedores salvajes, siendo Robert Maxwell el más representativo de cuantos he conocido. Se le intuía un lado oscuro, amenazador e insensible. Era un tirano ingenioso, que fascinaba e intimidaba a todos los que tenía alrededor, y perdió una enorme fortuna con su emporio periodístico al tiempo que robaba millones a los jubilados de su empresa.

Era la personificación del mal; suelo imaginarme una escena en la que el propio Belcebú emerge de las profundidades del mar, arrebata a Maxwell de la cubierta de su yate *Lady Ghislaine* y se lo lleva al infierno, porque sin duda el capitán Bob hacía años que había vendido su alma al diablo.

Pero el orondo checo no es un ejemplo típico de los de su clase. La mayor parte de los que amasan una fortuna mantienen al menos un barniz de conducta civilizada. No obstante, cuando se los acorrala o se despierta su furia, pueden ser implacables. En 1853, el magnate de los transportes por barco y ferrocarril Cornelius Vanderbilt escribió a dos antiguos asociados, Morgan y Garrison: «Os habéis propuesto estafarme. No os voy a demandar, porque la ley es demasiado lenta. Os voy a arruinar». A continuación se dedicó a cumplir su amenaza.

Los autócratas de nuestros días son, sin lugar a dudas, los oligarcas rusos. Saquearon las arcas de su país en una orgía de corrupción inimaginable durante el gobierno del «embotado» Boris Yeltsin. Es imposible que unos cuantos amasasen semejantes fortunas por medios estrictamente legales. El resultado ha sido una desastrosa concentración de riqueza e influencia y una sociedad profundamente dividida. Es difícil sentir pena por aquellos a los que, desde entonces, les han arrebatado su imperio, aunque la historia quizá revele que Putin y su sucesor pueden ser unos custodios de los recursos de su país todavía peores.

Muchos hombres ambiciosos del mundo de los negocios alimentan grandes rencores y nada los complace tanto como una buena disputa familiar. Como siempre, las batallas se libran por dinero y por poder.

Alguien que evidentemente no le hace ascos a una buena pelea es Sumner Redstone, el magnate de los medios que controla Viacom y la CBS. Mantuvo un pleito prolongado y público con su propia hija, Shari, que estaba destinada a hacerse cargo de su imperio de cuarenta mil millones de dólares a la muerte de Redstone (un acontecimiento que él, aun a la edad de ochenta y siete años, seguía insistiendo en estaba aún muy lejos). Su hijo Brent y su sobrino Michael lo han demandado por algo relacionado con ventas de acciones. Por si fuera poco, Redstone tuvo un sonado enfrentamiento con Tom Cruise, quien era tal vez la mayor estrella de su estudio cinematográfico, la Paramount. Esto fue lo que dijo sobre el valor de una confrontación: «La confrontación conduce a la verdad».

Mientras uno se abre camino con uñas y dientes para llegar a la cima del montículo capitalista, la lucha puede debilitar los sentidos. Los hombres que se hacen a sí mismos muchas veces tienen que escalar por las bravas, y siguen viendo la existencia como la supervivencia de los más aptos mucho después de haber alcanzado la seguridad material.

El éxito en los negocios tiene que ver con un sinfín de decisiones difíciles: salir de situaciones enrevesadas que no han funcionado, superar a la competencia, mantener el funcionamiento a bajo coste, entre otras.

Claro que en ocasiones el aire se enrarece en la sala de juntas, y los jefes pierden la ecuanimidad. Se puede sacrificar a los socios, a la familia y a los amigos por un nuevo acuerdo, por otro dólar. El espíritu competitivo, una vez desatado, es una avidez primitiva que puede hacer estragos.

El emprendedor ambicioso pero decente lo mantiene bajo control y, por lo tanto, sigue siendo dueño de su alma. Eso significa conservar el equilibrio, poner en su debido lugar el negocio y la carrera, y tratar por todos los medios de no llevarse los problemas a casa.

El padre y el empresario

La vida del hombre que se hace a sí mismo no siempre es agradable. Cerrar negociaciones difíciles, enfrentarse a litigios, hacer malabarismos con los acreedores, despedir a empleados porque hay que reducir la plantilla, disputarse los clientes…, todo esto forma parte del oficio de dirigir el espectáculo propio. Estar al frente de una empresa puede endurecer el carácter. Sin embargo, convertirse en padre tiene un efecto positivo, pues obliga a relativizar el estrés y la ambición, a humanizarse de nuevo.

El tema favorito de las charlas entre los empresarios del siglo XXI no es el fútbol —gracias a Dios— sino la familia. Esto ofrece un contraste civilizado frente a la acumulación de riqueza. La actual es la primera generación de nuevos ejecutivos cuyo principal entretenimiento no son el golf ni las copas, sino sus hijos. Estos líderes no solo pueden cerrar una venta y conseguir capital de riesgo; también son capaces de cambiar un pañal, de cuidar de sus pequeños y de hablar sobre los exámenes.

Supone un cambio drástico respecto de los años sesenta y los setenta. El antiguo jefe dejaba la crianza de los hijos en manos de su esposa o de la niñera. Casi nunca aparecía en las funciones navideñas ni en las reuniones de padres. ¡A veces ni siquiera estaba presente en los nacimientos! Estaba demasiado ocupado amasando una fortuna durante el día, y manteniendo reuniones sociales con clientes o con banqueros por las noches. Ahora, en cambio, se puede ver a los jefes escabulléndose temprano de la oficina para no perderse el baño de los niños y poder contarles un cuento antes de dormir. Siento una pequeña punzada de culpabilidad cuando lo hago, pero creo que vale la pena.

¿Seremos mejores padres? Eso espero. ¿Pondrá esto en peligro nuestras carreras y obstaculizará nuestro éxito material? ¿Nos agradecerán nuestros hijos que les prestemos más atención? Quién sabe…

Yo he sido afortunado por tener a mis hijos relativamente tarde, cuando estoy menos obsesionado por la marcha ascendente de mis negocios que antes de cumplir los cuarenta. En aquel momento no tenía la responsabilidad de sacar adelante a nadie; si me iba mal, perdía, sí, pero no sufría nadie más que yo. Los que se casan antes y tienen hijos siendo jóvenes se enfrentan a elecciones más duras. ¿Luchar desesperadamente por el éxito y tal vez perderse la infancia de sus hijos? La verdad, luchar denodadamente por salir adelante se hace muy pesado si lo único que deseas son jornadas laborales cortas y no trabajar nunca los fines de semana. Además, tener que pagar colegios y asumir gastos por el estilo puede ser nefasto cuando al mismo tiempo estás financiando los inicios de una empresa.

He conocido a muchos machos alfa que han hecho grandes cosas, pero a costa de sacrificar su vida personal en el camino. En muchos casos han acabado divorciándose porque no estaban nunca en casa. Por desgracia, el éxito material suele conseguirse a costa de un precio emocional. Resulta interesante comprobar que, sobre los escombros de su arruinada vida doméstica, la mayoría logra construir relaciones sólidas con sus hijos cuando estos ya son mayores. En otros casos prueban otra vez con el matrimonio y establecen mejores vínculos con sus hijos en el segundo intento.

Yo fui afortunado porque mi padre me enseñó con el ejemplo a abrirme camino por mí mismo en el mundo y creer siempre que todo es posible. Es triste que tantos capitanes de la industria se lamenten solo de un hecho: de que su padre no haya vivido para verlos desempeñar el papel de héroe vencedor. Después de todo, por lógica, los emprendedores y sus hijos deberían llevarse bien ya que tienen muchas cosas en común: son impacientes, egocéntricos, exigentes, entusiastas, activos y voluntariosos. A veces, en las reuniones de algunas juntas directivas, resulta difícil distinguir quién es el progenitor y quién el vástago, pero puede que por esa razón resulte tan divertido estar con ellos.

Algún día llegará mi príncipe (temprano a casa)

¿Qué se necesita para casarse con un emprendedor? ¿Buena presencia? ¿Fortuna? ¿Inteligencia? Puede que las tres cosas, pero, más que nada, tolerancia.

Por su propia naturaleza, los constructores de imperios son personas obsesivas cuyo único punto de mira es su carrera. Sienten que tienen una misión que llevar a cabo y, por lo general, precisan sacrificar algún otro aspecto de la vida. Esto significa que la persona que tienen a su lado ha de saber adaptarse. Tiene que estar dispuesta a sacrificarlo casi todo por el negocio, así como a soportar el ego de su otra ambiciosa mitad. Además, la mayor parte de los emprendedores con quienes he trabajado nunca están satisfechos: «suficiente» no es un concepto que los atraiga. De ahí que, a menudo, una vez alcanzado un objetivo, suelen plantearse nuevos y grandes retos. Esto puede cobrarse un precio muy alto en una relación, y tengo la sospecha de que la tasa de divorcios en el mundo empresarial es superior a la media.

Por supuesto, ese deseo de gloria forma parte de su carácter y, en algunos casos, es su mayor atractivo. Nadie se casa con un emprendedor o una emprendedora esperando que sea fácil de manejar. Lo previsibles es que alguien acostumbrado a tener gente a sus órdenes, siga dándolas también en su casa. Lo más probable es que los empresarios de gran éxito no sean los compañeros más adecuados para gozar de una vida tranquila.

A veces, los propietarios de un negocio forman sociedad con su cónyuge para llevar adelante una empresa. Incluso hay un término para definirlos: «coemprendedores». Gordon y Anita Roddick de The Body Shop eran el ejemplo clásico. Muchas veces un matrimonio puede ser un equipo formidable: viven y trabajan juntos, sueñan y se esfuerzan en todo momento por sacar adelante la empresa. Esta combinación hace que formar una familia sea realmente extenuante, pero los que trabajan por su cuenta suelen tener altos niveles de energía y están preparados para hacerle frente. Otra combinación interesante es aquella en la que cada uno de los integrantes de la pareja dirige una empresa diferente, por ejemplo, Christian Rucker de The White Company y su esposo, Nick Wheeler, de Charles Tyrwhitt. Si añadimos que tienen cuatro hijos, podemos imaginar lo ajetreada que debe de ser su vida. Al menos ambos cónyuges saben, en este caso, cómo piensan y se comportan los empresarios.

Para algunos emprendedores lo lógico es esperar un tiempo para casarse, y lo harán cuando ya hayan alcanzado cierto éxito material y, probablemente, busquen mayor equilibrio en su vida, cuando se vean menos presionados a trabajar cien horas a la semana y a probar su valía ante el mundo. Conozco a un poderosísimo empresario del sector de los servicios financieros que sentó la cabeza y tuvo dos hijos próximo ya a los cincuenta años, y ahora se dedica a viajar, hacer yoga y plantar árboles. No ha dejado de competir, pero tras haber amasado una fortuna a los cuarenta, el dinero ha dejado de ser su objetivo principal.

Los emprendedores pueden tener expectativas poco realistas sobre su vida personal. La confianza que tienen en sí mismos es tan abrumadora que ven su situación doméstica como una extensión de la oficina. Tal vez busquen una pareja que los estimule intelectualmente, aunque es probable que también quieran a alguien capaz de organizar un hogar, una vida social y una familia. Quieren a alguien que los apoye, los escuche y les permita tomar decisiones, pero también les gusta que los impresionen. Esto puede desembocar en parejas desiguales y expectativas frustradas. Algunos emprendedores se casan deliberadamente con personas que triunfan en un ámbito diferente, como las artes, el servicio público o los medios de difusión, porque quieren un igual pero no un competidor.

Por supuesto, no hay una fórmula excepcional para alcanzar la felicidad ni para gozar de una relación duradera. Las emociones humanas hacen que alguien que aplica rigurosamente la racionalidad en las cuestiones empresariales pueda ser ciego en el amor. En cierto modo, esa es una característica más atractiva que la idea de una máquina de hacer dinero que jamás pierde la cabeza en lo tocante a asuntos del corazón.

Las satisfacciones de una carrera de inversor

En una cena a la que asistí recientemente, el anfitrión, tan pronto como tomaron asiento todos los invitados, dio una vuelta alrededor de la mesa deteniéndose con cada comensal y explicando en veinte segundos lo que hacía cada uno de nosotros para ganarse la vida. Fue un momento aleccionador. Allí estaban nuestras vidas, resumidas en pocas palabras. ¿Será realmente así como se nos recordará? ¿Por todo lo que hemos hecho?

Desde que Adam Smith publicó *La riqueza de las naciones*, en 1776, las sociedades modernas se han centrado en la división del trabajo. Es una de las bases sobre las que se cimentó el capitalismo industrial. Nuestro trabajo se ha especializado progresivamente, y nadie quiere que se lo conozca como aprendiz de muchos oficios y maestro de ninguno. En la actualidad, todo son «nichos». Después de todo, la suma del conocimiento humano se ha ampliado de manera exponencial desde la época de Leonardo da Vinci, cuando tenía sentido el concepto del hombre renacentista que dominaba todos los saberes. Hoy en día alguien con esas cualidades sería menospreciado como un diletante.

Pero este estrechamiento del interés y de la pericia no es satisfactorio en realidad. Por ejemplo, el constante aumento del número de políticos profesionales que ejercen como tales durante toda su vida ha resultado pernicioso tanto para las diferentes administraciones como para la democracia en sí; en la actualidad, son demasiados los políticos que entran a formar parte del gobierno sin haber desempeñado nunca un trabajo ordinario. Les falta contacto con otros puntos de vista, con otras realidades. Además, permanecen demasiado tiempo en el poder cuando acceden a un puesto oficial.

En los cargos públicos de todos los niveles debería haber plazos máximos de permanencia. En Canal 4 Television se me concedió un máximo de seis años en el puesto para producir un cambio, luego pasé el testigo a alguien nuevo antes de que tuviera ocasión de aburrirme y de aburrir a los demás. Esta clase de revulsivo es saludable para nuestras instituciones: permite que lleguen a los puestos más altos nuevos talentos, y evita que los ocupantes de las poltronas oficiales se vuelvan displicentes y acaben bloqueando el progreso.

Además, nuestra vida debe tener algo más que una disciplina restrictiva. Vivimos más que en el siglo xv: nuestras carreras pueden durar ahora cincuenta años o más. Yo estudié medicina en parte porque creía que los médicos podían tener una existencia variada. No solo tratan pacientes, sino que también pueden investigar, enseñar, escribir, administrar e incluso dirigir empresas sanitarias. No todos tenemos por qué ser polifuncionales, pero seguro que los prejuicios contra las personas que hacen más de una cosa están equivocados.

Cuando me convertí en presidente de Canal 4 se criticó que fuera un principiante en el mundo de los medios de comunicación. Pero uno de los problemas de la gestión de las comunicaciones es su carácter insular, la existencia de empresas que históricamente se aíslan como consecuencia de un reducido espectro. Sin embargo, con la llegada del ancho de banda infinito de internet, las empresas tradicionales de comunicación están quedando atrás, sobrepasadas por advenedizos como Google, recién llegados sin la arrogancia ni la estrechez de miras de los especialistas.

Seguro que nadie desea que lo encasillen. Es estupendo tener un título y una profesión —abogado, cocinero, programador, etcétera— pero ¿acaso carecemos de la capacidad necesaria para realizar más de un trabajo a lo largo de varias décadas?

Todos tenemos muchas aptitudes. Llegar hasta lo más alto de la jerarquía en muchas organizaciones requiere una larga trayectoria de servicios y, con toda probabilidad, concentración en una disciplina de un determinado sector. Nuestro sistema supone que los ambiciosos pueden asustarse ante la diversificación si desean conseguir premios prestigiosos. Pero los empleos vitalicios y los planes de pensiones basados en el último sueldo cobrado son reliquias del siglo xx. El futuro es de los que planifican una serie de carreras laborales consecutivas o, tal vez, de ocupaciones simultáneas, tanto a tiempo parcial como en régimen de pluriempleo.

Estoy de acuerdo en que el concepto del directivo generalista arrollador es erróneo. Se necesitan contactos y comprensión, que suelen adquirirse con años de dedicación a una sola vocación.

No obstante, los que de manera consciente eligen mantenerse al día muestran una diferencia cualitativa respecto de los generalistas accidentales. Unos inspiran admiración, los otros suscitan sospechas.

Incluso los que poseen aptitudes y cualificaciones especiales pueden desarrollar hasta cierto punto una carrera de inversor. La mayoría de nosotros tenemos múltiples existencias: la familia, las aficiones, el hogar. Resulta opresivo e ineficaz permanecer atrapado durante mucho tiempo por las tradiciones y los rituales corporativos. Un director general que conozco luce en su tarjeta de visita el título de «fundador», una categoría amplia y atractiva, y tengo un amigo, hombre de negocios también, que se define como empresario, que es otra palabra útil y adaptable.

Siglos atrás no había divisiones tajantes entre los sectores privado y estatal, entre la ciencia y las artes. ¡Recuperemos ese enfoque de la Ilustración! Tenemos que hacer caso omiso de los intentos de etiquetar a todo el mundo y fomentar la formación continua y las ocupaciones sucesivas para responder a diferentes vocaciones. ¡Larga vida al *homo universalis*!

El emprendedor mítico

Hay muchas ideas equivocadas acerca de los creadores de empresas.

Son fantasías que no ayudan nada porque desalientan a algunos posibles emprendedores de seguir adelante e incluso ejercen influencia sobre las decisiones de los responsables de la formulación de políticas. Por eso pienso que valdría la pena desmontar algunas de las ideas erróneas más comunes.

- **El dinero es la motivación principal de los emprendedores:** En realidad, crean empresas de manera accidental, o porque necesitan ponerse a prueba a sí mismos, o porque están aburridos o porque los domina una pasión. No cabe duda de que algunos quieren ser ricos, pero la riqueza rara vez es el único objetivo de su proceder. Los estudios realizados han demostrado que la frase que mejor resume lo que mueve a los que crean nuevas empresas es «Ya verán...». El dinero es un modo de sumar puntos y de conseguir capital para el siguiente proyecto.
- **Lo que importa es la idea:** De hecho, la ejecución lo es todo. Casi todos nosotros tenemos ideas brillantes que nunca llegarán a dar fruto porque no son prácticas, o porque somos

demasiado perezosos o no nos centramos en ellas. Hacer que funcionen es lo que realmente cuenta, y esta es la parte peliaguda, donde, al parecer, fracasan muchos planteamientos inteligentes.

- **Los emprendedores nacen, no se hacen:** Las investigaciones demuestran que los dueños de las empresas con más éxito no empezaron muy jóvenes. Adquirieron experiencia trabajando para otros y aprendieron a dirigir una empresa antes de aventurarse a crear una propia. Del mismo modo que nadie está genéticamente programado para ser médico ni arquitecto, los emprendedores suelen encontrar su vocación en el aprendizaje más que en su naturaleza.
- **Las empresas de nuevo cuño son organismos unipersonales:** La mayoría de las empresas que salen adelante tienen al frente a equipos cualificados más que a personas individuales, sean hombres o mujeres. Puede que haya un impulsor inicial que atraiga la mayor parte de la atención —y posiblemente las recompensas—, pero la combinación ganadora de talentos constituida por una asociación de talentos es la fórmula más probable del éxito.
- **Los emprendedores son genios de la inventiva:** Son muy pocos los auténticos inventores que consiguen triunfar como empresarios. Antes bien, es el individuo dotado para los negocios que reproduce un producto original y lo abarata, o lo vende mejor, o reduce los costes de manera apropiada —o, simplemente, tiene suerte con los tiempos— el que acaba haciéndose de oro.
- **Los emprendedores son en su mayoría universitarios que han visto frustrada su carrera:** De hecho, es todo lo contrario, ya que cada vez son más los empresarios que tienen una titulación universitaria o incluso un doctorado. En estos momentos muchos de los que finalizan un máster en administración de empresas aca-

ban gestionando sus propias empresas. Ser emprendedor se ha convertido en una respetable opción de carrera, por eso una buena parte de la clase media con formación universitaria se ha lanzado a la aventura.

- **La mayoría de las empresas nuevas fracasa:** En realidad, los índices de supervivencia se han elevado en los últimos años. Solo quiebra un pequeño porcentaje de empresas activas al año, a diferencia de las empresas inactivas que están en liquidación o en disolución, lo cual distorsiona las estadísticas. Y, por lo general, las empresas fracasan porque que existen deficiencias en la gestión, más que por causas externas.
- **Los emprendedores son personas solitarias:** Sacar adelante una empresa exige emplearse a fondo, y la mayoría de los empresarios son personas extrovertidas que disfrutan con la compañía de los demás, no gente introvertida. Eligen trabajar para sí mismos porque les gustan la libertad y la independencia, no porque quieran aislarse de sus colegas.
- **Los emprendedores son jugadores:** Efectivamente, asumen riesgos financieros, pero casi todos tienen capacidad para evaluar las situaciones de riesgo, y son más cautelosos de lo que podrían creer los profanos. La inmensa mayoría de las quiebras no se deben a empresarios que cometieron errores, sino a personas asalariadas que se embarcaron en préstamos inasumibles.
- **Los empresarios son adictos al trabajo:** Esto no es un mito en absoluto en el inicio de la trayectoria de un empresario, cuando como fundador tiene que implicarse en el proyecto. Pero en un momento determinado, la mayoría de los propietarios de empresas no trabajan más horas que los ambiciosos directores corporativos, y al menos el autónomo puede elegir sus propias pautas de trabajo. Además, ha quedado demostrado que los aspectos más estresantes de la vida de los empleados de las grandes empresas son las políticas administrativas y los desplazamientos dia-

rios para acudir al trabajo, cosas que los empresarios pueden evitar en gran parte.

Mi enumeración de ideas erróneas sugiere, como ve, que «montárselo por su cuenta» no es tan difícil ni tan penoso como mucha gente piensa.

¿A qué está esperando?

El ritualismo en la empresa

A menudo oigo a los empresarios quejarse de lo difíciles que se han puesto las cosas y de que los mercados son mucho más competitivos en la actualidad.

A decir verdad, los emprendedores de hoy día disfrutan de unas condiciones casi idílicas si se las compara con las de sus predecesores. Hemos heredado siglos de progreso tecnológico y social. Los avances generalizados en la productividad y el vasto conocimiento acumulado posibilitan en la práctica que todo se haga más rápido, y que resulte más fácil y más cómodo hacerlo. A pesar del palabrerío acerca de lo agotados que estamos, lo cierto es que la jornada de un empresario transcurre, de vez en cuando, ideando modos de ocupar las horas para poder sentirse importante.

Tomemos como ejemplo las conferencias y los seminarios. En su mayoría son una pérdida de tiempo porque, en general, no alimentan ningún propósito empresarial subyacente. Durante las conferencias, la mitad de los asistentes se duerme; la única parte digna de recordarse serán los chistes; y los efectos audiovisuales suelen ser contraproducentes. A menudo, los conferenciantes se limitan a leer sus aburridos textos con un tono apagado y monótono. Al final son pocos los que se toman la molestia de hacer alguna pregunta.

Toda la situación es una especie de farsa, salvo por el hecho de que las empresas gastan muchos miles de euros al año para enviar a su personal a esos ridículos encuentros. Las ferias comerciales pueden considerarse una estupidez de igual calado; una mera excusa para organizar una juerga.

Sin embargo, sacan a la gente de las oficinas y ofrecen la oportunidad de barra libre tanto para comer como para beber, y las empresas pueden decir que gastan elevadas sumas de dinero en formación, lo cual significa una acertada inversión en recursos humanos. La cuestión es que esas estúpidas celebraciones se han convertido en parte del ritual de las empresas, en uno de los mecanismos pensados para mantenernos «permanentemente ocupados» con el fin de que todos podamos justificar nuestra próxima prima y hablar de lo ocupados que estamos cuando alguien nos lo pregunte.

En mi opinión, durante las primeras etapas de cualquier empresa hay que evitar por completo las conferencias, los seminarios y las ferias comerciales puesto que consumen dinero y tiempo. Más adelante se puede asistir a algunas de esas actividades, siempre y cuando se analicen detalladamente las que se eligen.

Otro mecanismo menos formal para tener al personal ocupado en su puesto laboral es la política administrativa. Este fenómeno ha estado en el candelero durante mucho tiempo, pero tiene mayores posibilidades de florecer cuando hay menos trabajo real que hacer. De una manera singular se da con una probabilidad mayor en las grandes organizaciones con beneficios donde todo va viento en popa y se tienen en cuenta todos los asuntos serios. En las empresas pequeñas de nueva creación que están con un pie dentro y otro fuera de la crisis —como acostumbra a suceder— el peligro permanente de una visita de los funcionarios del juzgado desalienta la decadencia de la política administrativa en favor de la supervivencia.

El ritual más importante de todos es, por supuesto, la «reunión».

Se trata de una grandiosa maquinaria que fabrica todo tipo de tonterías. Procura a los participantes la sensación de que están avanzando en su proyecto, sea cual sea.

Las reuniones van desde las de carácter interdepartamental, pasando por las del consejo, hasta la asamblea general anual. Uno de los capitalistas más hábiles que he conocido jamás se negaba siempre a reunirse con casi todo el mundo. Se ocupaba de los asuntos por teléfono con el mayor interés personal, y no sentía deseo alguno de reunir a un montón de personas en una elegante sala para hablar de agendas, ni de objetivos, ni de propuestas de planes, ni mucho menos de distribuir a continuación las actas del tiempo desperdiciado (otro ritual increíblemente tedioso). Apostaría a que solo el veinte por ciento de las reuniones de consejo merecen la pena. También estoy seguro de que si se redujera su duración a media hora todos disfrutaríamos más de la vida.

Muchos rituales de la empresa están recibiendo, cuando menos en Reino Unido, una legitimación masiva por iniciativa de los directivos de las corporaciones, quienes están llegando a extremos cada vez más estrafalarios, como es el caso de la idea, patrocinada en algún momento por el Institute of Directors de Londres, de que sus miembros deberían someterse a exámenes y obtener calificaciones que demostraran su capacidad de gestión.

La empresa tiene que ver con una aproximación exitosa a los mercados, no con la asistencia a una serie de conferencias académicas. Pero los organismos semiautónomos y los burócratas viven y respiran en medio de rituales sin sentido de todo tipo, por eso no hay que sorprenderse.

Las empresas de nuevo cuño no tienen por qué encajar en la elaborada farsa que ocupa en buena medida la vida corporativa.

Los independientes pueden ir al grano y eximirse de los formalismos que absorben tanto tiempo y energía. Es una enorme ventaja competitiva, y convierte todo el asunto en algo mucho más estimulante.

Se nace, no se hace

He dicho siempre que los emprendedores son producto de la formación más que de la genética; más que la herencia, los configura el entorno. Además, ¿hay alguien que esté dotado de un don divino para constituir empresas y ganar dinero? Las observaciones que he realizado a lo largo de varias décadas me han llevado a la conclusión de que estas capacidades se consiguen a través de la experiencia práctica y no por derecho de sucesión. Sin embargo, me he visto obligado a revisar mis creencias después de la lectura de *Born, Not Made*, un libro de los escritores de éxito James Lee Fisher y James V. Koch (Greenwood Press, Westport, Connecticut, 2008), donde se razona que en buena medida el comportamiento emprendedor está determinado genéticamente.

La base del argumento es que los emprendedores son un grupo singular de individuos que poseen personalidad, actitudes, valores y hábitos característicos. Estos individuos tienen un «gen emprendedor», por así decirlo. Sobre la base de las pruebas más recientes de la genética del comportamiento, los autores sostienen que los rasgos característicos de los emprendedores —confianza en sí mismos, extroversión, altos niveles de energía y una predisposición a asumir riesgos— están influidos por la herencia.

Este debate sobre lo que hace de nosotros lo que somos arranca del momento en que Darwin formuló su teoría de la evolución en 1859. Sin lugar a dudas, nuestro ADN influye sobre la trayectoria de nuestra vida, pero la idea de que todas nuestras acciones y pensamientos están predeterminados es absurda.

Geoff Colvin, autor de *El talento está sobrevalorado: las auténticas claves del éxito personal* [Ediciones Gestión 2000, Barcelona, 2009], opina todo lo contrario de lo que se formula en *Born, Not Made*. No creo que el lector se sorprenda si digo que estoy de acuerdo con Colvin y no con Fisher y Koch.

Casi todos los grandes triunfadores con los que he tratado han llegado a donde están gracias a su esfuerzo continuado y no por una especie de milagroso atributo de su cerebro. Es cierto que algunos parecen tener la excelencia en la sangre, pero lo más frecuente, a mi parecer, es que aprenden de la mano de sus padres, que es lo contrario a adjudicarlo a ventajas innatas. Me encuentro con emprendedores inspirados por los esfuerzos tanto de su padre como de su madre por salir adelante como autónomos. Colvin se apoya en el libro de Malcolm Gladwell *Fueras de serie: por qué unas personas tienen éxito y otras no* [Taurus Ediciones, Madrid, 2009], donde el autor sugiere que hay que emplear diez mil horas de trabajo en el campo que hayamos elegido para salir adelante. Me pregunto cómo se puede hacer un cálculo tan exacto, pero estoy de acuerdo con él en lo fundamental.

Gladwell también pone de manifiesto que las circunstancias y el ritmo son cruciales a la hora de decidir la excelencia de la propia carrera. Señala además que de las setenta y cinco personas más ricas de todos los tiempos, según un listado de la revista *Fortune*, quince son estadounidenses nacidos con nueve años de diferencia unos de otros a mediados del siglo XIX. En la época en que estos tenían entre los treinta y los cuarenta años, Estados Unidos estaba iniciando una transformación industrial generalizada —ferrocarriles, acero, manufacturas— y las oportunidades fueron extraordinarias para los que estaban en ese momento en ese país.

Es discutible el hecho de que haya buenos o malos momentos para iniciar una empresa, pero el estímulo psicológico en enfrentarse solo a ello es poderoso e innegable, al margen de cuál sea el ciclo económico.

Para un hombre es mejor equivocarse en libertad que acertar estando encadenado.

THOMAS HUXLEY

Cuando abandoné Kleinwort Benson en 1987 tuve una vigorizante sensación de independencia, así como una liberación de energía. Una gran compañía podía ofrecerme seguridad y beneficios, pero ¿qué hay de la satisfacción creativa, y de la oportunidad de vivir los propios sueños y de cambiar el mundo? Por ello creo fervientemente que cualquier persona puede lograr algo audaz y emprendedor con dedicación y algo de suerte. Rechazo por completo la idea de Fisher y Koch. Incluso en las situaciones más terribles desde el punto de vista económico, creo que si alguien dedica el esfuerzo necesario a una empresa, puede sacarla adelante. Después de todo, si el talento innato fuera lo que determina quién alcanza la cumbre, entonces ¿por qué habrían de molestarse siquiera los tipos ambiciosos que carecen de capacidades innatas significativas? La sociedad necesita creer que todos podemos mejorar. Esa es la historia del progreso humano.

El elemento práctico

Terry Smith, el sólido financiero británico, autor además del libro de éxito *Accounting for Growth* (Random House, Londres, 2009), me dijo en una ocasión acerca de su método de análisis de las inversiones basado en los zapatos: respalda al industrial que calza zapatos cómodos con suela de goma, antes que al que lleva puestos unos mocasines ultrapijos de Church's, el zapatero británico clásico de los caballeros de la City de Londres. El primero de ellos, capitán de empresa, visitará realmente las fábricas para enterarse de cómo van las cosas; al segundo empresario es poco probable que lo encontremos más allá del West End londinense. No hay que dejarse engañar por un hablar pausado y unos modales que denoten seguridad, ni mucho menos por la apariencia, sea cual sea.

En una ocasión me visitó un ex asesor de compañía que había entrado en el sector de la comida saludable. No tenía experiencia alguna en la dirección empresarial, pero eso no lo arredró. Había conseguido una importante cantidad de fondos para su empresa de nuevo cuño y había puesto en marcha una serie de sucursales. Sin embargo, pese a un plan de negocio muy hábil, al cabo de media hora tuve la impresión de que la economía de su modelo minorista no funcionaba en absoluto. Estaba claro que sus patrocinadores habían quedado impresionados por su propuesta, tan innovadora, y se olvidaron de comprobar los puntos básicos. Desgraciadamente, la empresa se vino abajo al poco tiempo.

Era un ejemplo clásico del Principio Contrapresentativo, una teoría que Richard Oldfield propone en su excelente libro de inversiones *Simple But Not Easy* (Doddington Publishing, Londres, 2007). Según dicha teoría, la capacidad de los directivos de realizar su trabajo puede que esté en relación inversa a su capacidad para hacer buenas presentaciones en las reuniones. En otras palabras: el hecho de que un emprendedor haya redactado un documento brillante y tenga labia no garantiza necesariamente que consiga el dinero de los inversores.

En cierto sentido se trata de una mera variante de la antigua máxima: no hay que fiarse de las apariencias; lo cual significa que hay que observar la realidad subyacente en lugar de dejarse deslumbrar por lo que se ve. Como ocurre con muchos otros aforismos, cuesta trabajo ponerlo en práctica. Vivimos en una época dominada por lo visual, en la que lo superficial se impone a lo profundo con demasiada frecuencia, y la propensión a los aspectos triviales antes que a los formales puede ser fatal para una empresa.

Esto puede aplicarse a muchas de las facetas y vertientes de la gestión empresarial, no solo a la evaluación de los planes de negocio.

Cuando se realizan entrevistas, creo que hay que ir más allá del traje elegante, el currículo preparado y las respuestas escritas, y lograr un conocimiento real del individuo y de sus auténticas capacidades. Es esencial conseguir referencias realmente independientes.

El mundo financiero siempre ha sido susceptible por naturaleza a las idas y venidas de la moda... tal vez incluso más que el propio sector de la confección. Las empresas y los inversores se lanzarán hacia lo novedoso, como las polillas a la luz; así es como se crean las burbujas de mercado. El crecimiento exponencial es siempre el ingrediente mágico, ya sea que se trate del auge de las empresas puntocom, de China o de las energías alternativas.

Haz lo que sabes y sabré quién eres.

RALPH WALDO EMERSON

Como es lógico, algunas de estas nuevas modas acabarán siendo auténticas oportunidades, pero eso no quiere decir que se pueda obtener dinero de ellas, sobre todo si los promotores han intervenido en el asunto y se han llevado los beneficios más suculentos.

Por eso, si está usted a punto de admitir a un socio empresarial, de contratar a un jefe de ventas o de elegir una fórmula de franquicia no se quede en la apariencia, profundice. No se deje llevar por lo superficial: haga las preguntas espinosas y sea honrado consigo mismo. ¿Tiene el proyecto posibilidades de ejecución? ¿Tiene las manos limpias el posible socio?

De vez en cuando todos nosotros nos dejamos seducir por las proyecciones siempre ascendentes de ventas y de beneficios. Pero en realidad son pocas las empresas que cumplen las expectativas alcistas de sus fundadores. La vida tiene tendencia a interrumpirse. Somos muchos los que nos creemos que somos mejores de lo que en verdad somos a la hora de hacer predicciones.

Una vez más llego a la conclusión de que lo mejor es probar con variantes de las fórmulas conocidas, en lugar de hacerlo con las promesas extraordinarias que muy a menudo son fantasías.

Cuarta parte

La búsqueda de capital

Historias de la orilla del dinero

> *Ve a donde están los ricos y poderosos te diría, y aprende sus costumbres. Pueden sentirse halagados o asustados. Gústales muchísimo o atemorízalos muchísimo, y una noche sin luna se llevarán un dedo a los labios para advertirte que no hagas ruido alguno. Y te conducirán, en medio de la oscuridad, hasta el río de riquezas más ancho y más profundo que haya visto jamás hombre alguno. Te señalarán tu lugar en la orilla, y te entregarán un cubo solo para ti.*
>
> KURT VONNEGUT,
> *Dios le bendiga, mister Rosewater*

Sería improbable que Kurt Vonnegut sirviese de inspiración para un emprendedor, pero tiene razón al menos en una cosa: el río del dinero está ahí afuera; no hay más que desear meterse en él.

La excusa más socorrida que oigo de labios de los que quieren fundar una empresa pero no han tenido la valentía de hacerlo es que no pueden encontrar el capital. En mi opinión, cualquier proyecto merecedor de apoyo siempre encontrará, al final, el soporte necesario. Tanto si la economía avanza como si retrocede, el mundo está rebosante de capitales que buscan beneficios sustanciosos. Sin embargo, todo emprendedor necesita perseverancia y un plan empresarial viable. Según puede leerse en la Biblia, Mateo 7,7: «Pedid y se os dará; buscad y encontraréis; llamad a una puerta y se os abrirá». Por suerte, nunca ha habido tantas puertas a las que llamar. A partir de la aparición del capital de riesgo profesional, en los años cuarenta, el ecosistema de respaldo a los emprendedores ha crecido hasta tal punto que las opciones son casi desconcertantes.

En la búsqueda de capital, no se crea que bastará cualquier fuente de financiación por el hecho de que haya una oferta suficiente de dinero. Los inversores difieren unos de otros de manera notable, y el emprendedor debe familiarizarse con las diferentes variedades.

Los inversores más conocidos son los capitalistas de riesgo, los inversores ángel y los fondos de inversión privada.[2] Podría suponerse que los límites entre una y otra categoría son difusos, dado que actúan codo con codo en un continuo sin fisuras, pero la realidad es que son diferentes.

Algunos inversores ángel son tan ricos y tan formales en sus enfoques que parecen capitalistas de riesgo, mientras que algunos capitalistas de riesgo se comportan como pinchadiscos de discoteca. El emprendedor de nuevo cuño se dará cuenta muy pronto de cuáles son los que le convienen, y si no es así, ellos lo pondrán rápidamente en antecedentes, por lo general, no respondiendo a sus llamadas.

Pero empecemos por tener en cuenta al mejor inversor de todos: usted.

2. Los fondos de inversión privada (*private equity*) son los que invierten en empresas privadas que no cotizan en bolsa, de ahí su nombre en inglés, que significa «acciones o capital privado». *(N. de los T.)*

Pluriempleo: el mejor lanzamiento para una empresa en ciernes

De vez en cuando, algunos futuros emprendedores me preguntan si deben dejar su trabajo para poner en marcha una empresa o si conviene hacerlo a tiempo parcial conservando su actual empleo. Yo suelo sugerirles la segunda alternativa, porque a mí me funcionó. Después de salir de la universidad trabajé durante seis años para otros, arañando horas extras para atender a mis propios proyectos —tales como pubs, empresas de programación—, a los que dedicaba todas las tardes, los fines de semana y las vacaciones. No tuve demasiados momentos de asueto entre los veinte y los treinta años, porque estaba demasiado ocupado gestionando simultáneamente diversas inversiones de riesgo.

El punto de inflexión llegó cuando empezó a circular un memorándum en Kleinwort Benson, donde yo trabajaba, con el que se nos comunicaba que el personal no estaba autorizado a desempeñar puestos de dirección en compañías externas ni a tener acciones de las mismas. Entonces supe que había llegado el momento de dar el salto y sumergirme de lleno en el autoempleo, de modo que abandoné el barco al mes siguiente y me hice autónomo. Mi sensación de libertad era notoria, pero no me arrepiento de los años en que simultaneé empleo y emprendimiento. Fue parte de mi aprendizaje.

Siempre surgirá la tentación de pensar que esa no es la manera, que uno está demasiado cansado cuando llega a casa del trabajo o, simplemente, alegará que al día le faltan horas.

Claro que uno estará cansado, y que habrá trabajado muchas horas, pero ninguna de esas circunstancias tiene por qué resultar insuperable.

Una excusa todavía más perniciosa es que se dé el caso de que uno esté interesado en un tipo de negocio que no permita trabajar fuera de horas, en cuyo caso sería recomendable consultar el libro de Emma Jones *Working 5 to 9: How to Start a Successfull Business in Your Spare Time* (Harriman House, Londres, 2010), donde se hace un esbozo de los emprendedores que consiguen combinar sus empleos diurnos con negocios nocturnos. Es de lectura fácil y amena, y resulta útil para todo el que piense que es imposible «pluriemplearse» en el sector que haya elegido. Jones entrevista a emprendedores que han tenido éxito con el pluriempleo en casi todos los sectores, incluso en la cría de cerdos. Se dice que Staples, el gigante de los suministros de oficina, experimenta un elevado pico entre las 5 y las 9 de la tarde, que la compañía atribuye a los de las «5 a 9» que se aprovisionan en su regreso a casa para sus proyectos fuera del horario laboral.

Las ventajas de tener un trabajo estable mientras uno intenta convertirse en empresario son claras. Se percibe un ingreso para impulsar el proyecto secreto y pagar los gastos de establecimiento mientras está en la etapa de desarrollo, se aprende el oficio a costa del dinero de otro y se compensan los riesgos en caso de que la actividad por cuenta propia no llegue a cuajar.

Tal vez lo mejor de todo sea que la empresa que uno pone en marcha con sus propios fondos le pertenezca por completo. No habrá necesidad de apartar una buena porción de las ganancias potenciales a los inversores ávidos de acciones; es más, algunos emprendedores de éxito consideran que conservar la totalidad de la propiedad es esencial para amasar una fortuna. Además, si se conserva el cien por cien de la propiedad, no habrá presiones para gestionar la empresa según los antojos de los inversores. Yo prefiero comprar empresas que no requieran mucha intromisión, pero otros inversores hacen una virtud de la interferencia.

Las desventajas del pluriempleo también están claras: si el jefe lo encuentra a uno usando indebidamente los recursos de la empresa o distraído en el puesto de trabajo, habrá problemas; y una empresa puesta en marcha durante el tiempo libre nunca contará con la atención ni la dedicación que necesita para consolidarse.

Si usted es ambicioso, la opción del tiempo parcial tendrá que ser solo temporal. Para evitar eternizarse en la modalidad de furtivo, debe tener el objetivo de «quemar las naves»: un momento claramente definido en el cual abandonará la tabla de salvación del puesto de trabajo fijo y se lanzará en picado al agua. No se ande con retoques en su empresa en ciernes hasta hacerla parecer una apuesta segurísima: nunca lo será. Es muy fácil quedarse en los aledaños para siempre pero, tal como le dijo Steve Jobs en una ocasión a un ingeniero perfeccionista de Apple, «los verdaderos artistas se mojan».

La revolución de internet ha hecho más fácil que nunca el pluriempleo. Dado que no hay conflicto alguno con su trabajo principal, ¿por qué no habría de resultar un éxito una solución de ese tipo? Está claro que una empresa a tiempo parcial tendrá que convertirse en su pasatiempo y consumirá sus vacaciones. Debe prepararse para un horizonte de semanas de cien horas laborales. Eso pondrá a prueba su determinación, y si no tiene la energía y el compromiso suficientes para dedicar ese esfuerzo, no espere que la jornada vaya a resultarle más llevadera si se dedica a tiempo completo.

A menudo, estas empresas a tiempo parcial son proyectos familiares donde el principal asalariado tiene un trabajo diurno con sus beneficios de seguro médico, jubilación e incentivos, mientras su pareja se encarga del negocio familiar.

Algunas empresas se adaptan al pluriempleo: comercio por internet, marketing directo, franquicias, propiedades y otras por el estilo. La eclosión de las empresas virtuales ha facilitado sobremanera el crecimiento de los emprendimientos a tiempo parcial gracias al desarrollo de la externalización. Desde luego, no todo el que gestiona una empresa paralelamente a su empleo principal desea levantar un imperio; algunos disfrutan con la variedad, la libertad y los ingresos extra. Usted no sería el único. He leído un informe sobre las fuerzas policiales de Reino Unido que muestra que en un solo cuerpo regional, un tercio de los oficiales de policía tenían una segunda fuente de ingresos. Algunos eran artistas del tatuaje. Uno era dentista de caballos y otro ofrecía un servicio de masajes holísticos. La actividad suplementaria más habitual de esos policías pluriempleados era el alquiler de propiedades o la gestión de un hospedaje. Todo ello está permitido en cuanto que no interfiere con su labor policial. Aplaudo a las autoridades policiales por haber adoptado un enfoque tan inteligente.

El mayor obstáculo para muchas empresas incipientes es el bajo nivel de ingresos, cuando no la ausencia total de ellos, de su propietario durante los años de la puesta en marcha. ¿Merece la pena sacrificar un salario seguro por la incertidumbre de un trabajo autónomo? ¿Tendrá el apoyo emocional de su familia, aunque no cuente con su respaldo financiero?

El multimillonario Felix Dennis ha concebido la teoría de que antes de llegar a una edad determinada, los niños no tienen la menor idea de lo ricos o pobres que son sus padres; solo necesitan saber que los quieren. Podría ser cierto, pero imagino que no todos los cónyuges tienen una visión tan sencilla sobre el asunto.

A menudo, lo que acaba con una empresa incipiente es la retirada de capital excesiva por parte del propietario, que se quedará sin el indispensable capital de explotación. Esto suele ocurrir cuando el fundador no entiende de finanzas o bien cuando carece de disciplina respecto del dinero. En los primeros años, son muy pocas las empresas de nuevo cuño que están en condiciones de proporcionar a su propietario una vida acomodada. Pensar lo contrario puede conducir a una desilusión.

Como siempre, todas estas decisiones parten de la filosofía de cada uno. Según dijo Goethe: «La mayoría de la gente trabaja gran parte de su vida solo para ir tirando». ¿Desea aplicarse esa sentencia, o quiere romper con ella y tratar al menos de hacer algo diferente?

Si está usted pluriempleado se reducen los inconvenientes. Es la solución más sensata para muchos futuros emprendedores. Aunque eso signifique trabajar cien horas a la semana, es probable que el salario de su empleador sea la inversión de capital menos exigente que recibirá jamás, seguida muy de cerca por el capital ángel.

Invocar a un ángel

Los inversores ángel son personas ricas que colocan su propio dinero en empresas en ciernes, y su contribución acostumbra a ser discreta. Un emprendedor de nuevo cuño tiene mayores posibilidades de recibir el respaldo de un inversor ángel que de un capitalista de riesgo, de que un banco le conceda un préstamo o de que el gobierno le conceda una subvención. En parte, esto es así porque los ángeles son más ágiles y proclives al riesgo que las grandes instituciones, y en parte porque tienen tendencia a hacer inversiones menos cuantiosas, por lo general en las primeras etapas de la vida de una empresa. Su dinero fluye con más facilidad y es posible que llegue imponiendo menos condiciones.

El capital ángel ha estado detrás de muchas grandes inversiones, desde los inicios de The Body Shop hasta la financiación de Ford Mortor Company, pasando por la construcción del puente Golden Gate, en San Francisco, en los años treinta del siglo pasado. Apoyar iniciativas de riesgo es un asunto peligroso, pero la disponibilidad de este tipo de financiación es crucial dado que los bancos comerciales exigen garantías adicionales y, como se puede ver, el capital formal de riesgo está dispuesto a respaldar a las empresas noveles en mercados potencialmente gigantescos. No pida a un capitalista de riesgo que lo ayude a montar su primera cafetería. (Si es propietario de una provechosa cadena de doscientas cincuenta cafeterías y necesita venderlas, podría convocar a los inversores accionariales privados, que compran y venden empresas con circulante estable... Pero eso da para otro libro.)

En ocasiones se define a los inversores ángel como inversores «aficionados», en el sentido más amable del término, reflejando la idea de la situación singular del ángel y no su competencia ni su dedicación. De igual modo, también se hace referencia a los capitalistas de riesgo y a los inversores accionariales privados como inversores «profesionales» a pesar de que muchos no lo son.

Las modalidades de inversión de los inversores ángel difieren de manera notable de las que emplean los capitalistas de riesgo y los inversores accionariales. Los ángeles son, en esencia, personas emprendedoras, la mayoría de las cuales han trabajado en pequeñas empresas, y puede que un ochenta por ciento haya puesto en marcha una en calidad de emprendedor. Por el contrario, muchos ejecutivos de capitales privados son contables, que encajan en el molde del inversor financiero, y con demasiada frecuencia los capitalistas de riesgo ostentan un máster. Muy pocos profesionales ofrecen auténticas ayudas a las pequeñas firmas, mientras que los ángeles suelen invertir donde se puede conseguir valor añadido de una manera activa.

Los inversores ángel se centran menos en los beneficios financieros que los profesionales. Se conforman con una rentabilidad menor y son menos exigentes en las evaluaciones, un campo en el que admiten su debilidad. Los ángeles también son más fáciles de manejar a la hora de aliarse con otros inversores. No están a favor de cargar honorarios cuando invierten, y es más probable que inyecten dinero contante y sonante en lugar de cargar a una empresa con complicados instrumentos de deuda, donde los inversores podrían haber pedido dinero prestado para comprar la empresa en cuestión. En estos casos, recaería sobre el circulante de la misma el pago del préstamo del inversor, o los bancos asumirían la propiedad técnica y el control de dicha empresa. Ocurre con más frecuencia de lo que uno podría pensar.

Los ángeles toman decisiones con mayor rapidez que los capitalistas de riesgo y están menos preocupados que ellos por obtener un éxito previamente planificado. Resulta interesante el hecho de que los inversores ángel hayan apoyado muchas menos empresas de nuevo cuño de alta tecnología que las compañías de capital riesgo.

Tampoco deja de ser relevante que tanto los inversores ángel como los capitalistas de riesgo recalquen la importancia de la gestión. El entusiasmo, la honradez, los antecedentes y la pericia del emprendedor son factores de suma importancia para ambos tipos de inversores y puntúan a la hora de decidir la inversión.

Los inversores ángel son los héroes olvidados del mundo financiero, los que asumen enormes riesgos para poner en marcha empresas y se arremangan para participar de manera activa. Inevitablemente, el ecosistema ángel está mucho más desarrollado en Estados Unidos, donde algunos cálculos establecen en doscientos cincuenta mil el número de ángeles que invierten decenas de millones de dólares al año en miles de empresas en crecimiento. Sospecho que en la medida en que las inversiones de los ángeles sean más elaboradas y estén más organizadas, también aumentarán las cantidades invertidas por estos inversores en Reino Unido. Tal vez no ocurra tan pronto como sería de esperar. Si yo tuviera veinticinco años y estuviera libre de compromisos, me trasladaría a Silicon Valley o a Nueva York sin perder un minuto; sería la mejor manera de explotar la pródiga y elaborada cultura inversora de esos lugares.

Pero ¿cómo se llega a ellos para recaudar fondos? A pesar de la escala de negocio que representa la actividad ángel, es un mercado ineficiente. Tanto los emprendedores como los inversores ángel se quejan de que les resulta complicado encontrarse y establecer una interconexión efectiva. Aun así, no es difícil encontrar un inversor ángel: una rápida búsqueda en internet pondrá de relieve que cada país tiene múltiples organizaciones de comercio para este tipo de inversores.

Merece la pena tener en cuenta a estas alturas que la carrera por encontrar financiación es como cualquier otra por obtener un premio tentador: atrae a un pequeño porcentaje de timadores, incompetentes y sospechosos. La parte más ardua es averiguar cuál de las redes de ángeles ofrecen beneficios legítimos.

Algunas de esas redes le pedirán una cantidad de dinero, por lo general a cambio de hacer llegar detalles de su plan empresarial a una lista de correo de inversores ángel o de la oportunidad de ponerlo directamente en contacto con ángeles. Pero ¿debe pagar un emprendedor por una presentación?

Es difícil responder de manera satisfactoria cuando la inversión ángel está forzosamente repleta de sueños rotos. Una red ángel, Angelsoft, informó en 2008 de que solo el uno por ciento de los miles de solicitantes recibió fondos de inversión ese año y un diez por ciento más llegó hasta la valoración de activos.

Antes de pagar por la posibilidad de tratar con los ángeles, los emprendedores deben aceptar el hecho de que incluso las redes de inversores ángel más honradas y efectivas generan cada año miles de buscadores de capital desilusionados, con toda razón. Así pues, si usted hizo un lanzamiento y nadie lo atrapó, no quiere decir necesariamente que se haya quedado fuera de juego. Es mucho más probable que no haya alcanzado todavía el nivel, al menos en esta ocasión.

Sin embargo, a la vista del elevado número de redes de inversores ángel que ofrecen sus servicios, le será necesario aplicar algún filtro. Podría empezar por examinar sus antecedentes. Enseguida se pondrá de manifiesto que algunas redes de ángeles las dirigen gestores que no presentan grandes éxitos personales. Tampoco esto prueba que hayan cometido una estafa, ni lo contrario, pero podría irle peor con ellos que si solo tomase en consideración las redes dirigidas por emprendedores con altos rendimientos, sobre todo emprendedores en serie. La honradez de estos está respaldada por el hecho de haber contribuido a la creación con éxito de muchas empresas, mientras que la mayoría de los impostores se ven obligados a mantener un perfil bajo y a estar en continuo movimiento.

Yo invertí en una red de inversores ángel de Reino Unido (Beer and Partners) precisamente porque está dirigida por capitanes de industria a los que conozco y en los que confío. Los fundadores podrían mostrar un amplio compromiso con la causa, mientras que la mayoría de las redes pirata a menudo son tan nuevas como sus tarjetas de visita recién impresas. Casi todas las redes de pago inmediato son honradas, si bien unas son más eficaces que otras.

No obstante, algunas voces autorizadas son muy vehementes en su oposición al pago por adelantado. Dicen que solo las malas ideas necesitan perseguir al dinero, y que el dinero inteligente persigue a las buenas ideas. Este argumento del «mejor producto» es persuasivo en un primer momento, pero consideremos la situación de los inversores ángel: a menudo están desbordados por los proyectos de soñadores que buscan dinero para causas desesperadas. Si ha visto alguna vez los programas *American Inventor* o *Dragon's Den*, se habrá dado cuenta de que el mundo está lleno de personas con determinación pero equivocadas que no aceptarán un no por respuesta. Puede que resulte divertido verlos en estos *reality shows* televisivos, pero no lo es tanto si llaman a su oficina para pedirle una entrevista. Ayuda mucho tener un filtro, y las redes de ángeles de pago por adelantado disuaden a los autores de las solicitudes más triviales.

Tal vez el mejor argumento contra el pago por presentación es simplemente que en algunos casos los precios representan una proporción importante del capital simiente del fundador, y ese dinero podría haber tenido un mejor destino en el desarrollo de la empresa. Es difícil estar en contra de ello, pero todo depende de la cantidad de la que estemos hablando. En cualquier caso, los emprendedores no deberían agotar su capital circulante para unirse a una red de inversores ángel.

Hay un estupendo libro estadounidense titulado *Finding Your Wings: How to Locate Private Investors to Found Your Venture*, de Gerald Benjamin y Joel Margulis (John Wiley & Sons, Nueva York, 1996). Proporciona instrucciones detalladas sobre asuntos tales como redactar un plan orientado a los inversores y decidir si se está tratando con un «inversor muy rico, un inversor con responsabilidad social o un consorcio de inversores». Pese a que su primera edición data de los años noventa, sigue proporcionando un asesoramiento sin fecha de caducidad sobre lo que quieren los inversores ángel... y sobre lo que rechazan. Respecto de esto último, los autores del libro enumeran lo que por lo regular impide los negocios, y mi experiencia me hace estar de acuerdo con ello:

- **Bajo rendimiento de la inversión:** Los ángeles desean un rendimiento mínimo del treinta por ciento o más.
- **Los ángeles quieren pasarlo bien ganando dinero:** Una proyecto rentable podría no interesarles si es aburrido.
- **Sin tecnicismos:** Los mejores ángeles prefieren invertir en lo que entienden.
- **Valoración excesiva:** Si un inversor ángel y un emprendedor no pueden ponerse de acuerdo en el valor de la empresa a cinco años vista, no estarán de acuerdo en cuánto debe invertirse ahora.
- **Radicación:** Los ángeles desean inversiones que puedan visitar.

- **El producto necesita «una venta de difusión»:** ¿Ha usado antes el cliente este tipo de producto? ¿Tiene que hacer grandes cambios para usarlo, o percibirá al instante sus beneficios?
- **Le gustan las comodidades:** Los ángeles no quieren pagar salarios ni cancelar préstamos existentes.
- **El propio emprendedor:** Los ángeles quieren ver optimismo, determinación e impulso. La búsqueda de fondos es dura, puede apagar hasta la más mínima chispa que los ángeles necesitan ver antes de invertir.

Los capitalistas de riesgo: en otra longitud de onda

Gracias al auge de las empresas puntocom en los años noventa del siglo pasado y al cariño de los medios empresariales por las de nuevo cuño, casi todo el mundo tiene ahora algunas nociones sobre el capital de riesgo. Lo triste del caso es que suelen ser erróneas.

Hay demasiados emprendedores que piensan que los capitales de riesgo formales son el lugar apropiado donde conseguir fondos para negocios de nuevo cuño, cuando en realidad los capitalistas de riesgo prefieren centrarse en apuestas de mayor envergadura en los sectores como el de las altas tecnologías y el de la biotecnología. En suma, tal vez el capital de riesgo no le convenga si se está iniciando como empresario. Las operaciones en los sectores en auge tales como la venta al por menor y los restaurantes tienen casi garantizado el respaldo económico… pero no por parte de los capitales de riesgo, sino de los inversores ángel, de las personas de alta capacidad financiera o de los fondos del propio fundador.

Si bien es cierto que la financiación de nuevas empresas y nuevas tecnologías es sumamente arriesgada, también lo es que ha permitido el desarrollo de muchas de las empresas más importantes a lo largo de los últimos cincuenta años, entre ellas DEC, Intel, FedEx, Cisco y Google, la mayoría de ellas con base en Estados Unidos, por supuesto. Ahí es donde se gestiona el auténtico capital de riesgo del mundo. La tasa de fracasos es alta, y la pericia necesaria para descubrir y hacer un seguimiento de los potenciales ganadores es inmensa. Encontrar y analizar las buenas ideas para respaldarlas es una tarea dura que requiere talento y experiencia. Y para que funcionen esas ambiciosas empresas en ciernes es necesario el apoyo técnico y la contribución directa de los inversores de capital de riesgo.

Si está usted empezando con recursos modestos, no trate de captar el respaldo del capital de riesgo.

Los bancos

¿Cómo se podría describir la relación entre los bancos y los emprendedores? Robert Frost lo expresó de manera insuperable: «Un banco es un lugar donde le prestan a uno un paraguas cuando hace buen tiempo y le piden su devolución cuando empieza a llover».

Del mismo modo que muchos emprendedores se equivocan cuando acuden a los capitales de riesgo en busca de financiación, muchos otros que son menos confiados también cometen un error cuando acuden a su banco buscando ayuda. Si bien es cierto que muchas empresas de éxito se forjaron con un préstamo bancario, para muchos, un banco sigue siendo una elección deficiente de capital, y eso se debe a que los bancos tienen una aversión natural al riesgo.

La cultura de los inversores ángel y de los capitalistas de riesgo es que están en el negocio de arriesgar dinero para ganar más dinero, mientras que los bancos están en el negocio de no perderlo. Los bancos prefieren pocos riesgos, vencimientos cortos y trabajar con una red de seguridad, como por ejemplo la casa del emprendedor. Esto nos lleva a mi regla de oro: nunca, nunca dé a un inversor una garantía personal y, si es posible, evite poner en juego la vivienda familiar.

Cualquier plan puede fallar, y sufrir la agonía de una posible quiebra personal al mismo tiempo que se ve obligado a cerrar su empresa es un precio demasiado alto. Por eso, cuando su inversor lo exija, diga sencillamente no, y búsquese otro banco u otro inversor. Los hay por doquier.

Cuando Howard Schultz estaba tratando de conseguir 1,25 millones de dólares en 1985 para la empresa que acabaría convirtiéndose en Starbucks, le llevó un año encontrarlo, y presentó el proyecto a 242 potenciales inversores. Pero al final lo consiguió, y los afortunados accionistas iniciales han visto multiplicarse su inversión por más de cien. Según dijo Persius: «Conquista el que resiste».

Fuentes alternativas de dinero

En la búsqueda de recursos los emprendedores acaban por acudir, tarde o temprano, a las opciones no tradicionales. No es necesario decir que su apuesta es errónea.

Cabe la posibilidad de que caigan en terrenos subjetivos. Por ejemplo, algunos inversores ángel invierten solo en lo que conocen; a otros les gusta hacer combinaciones. Algunos capitalistas de riesgo creen que la tecnología de consumo es lo máximo; otros opinan que no. A la sucursal de su banco podría haberle gustado su apuesta pero, tal vez, se haya echado atrás debido a alguna circular de la central. Puede que la gente confíe menos en su socio de lo que confía usted. Las posibles razones para el rechazo son infinitas, como ve, y a menudo la verdadera razón no queda nunca clara.

Si aún cree que el problema reside en que no tiene suerte y nada tiene que ver con su plan de negocios, debe seguir insistiendo. Siempre hay otra fuente de financiación. Las que siguen son solo algunas:

- Hay miles de subvenciones de las agencias de los gobiernos autonómico y nacional, incluso en la Unión Europea. Las solicitudes de subvención son a la vez un engorro y una técnica, pero para algunos nichos, sobre todo en el caso de empresas sociales o regionales, hay una sorprendente variedad de opciones en oferta. Muchas subvenciones buscan algo más que obtener un rápido reembolso, lo cual podría bajar el listón a su nivel.
- El arrendamiento financiero de equipo, antes que la compra del mismo, podría proporcionarle un respiro cuando todo lo demás falla, si bien es cierto que suele ser dinero caro y con plazos de devolución rápidos.
- Presionar a los proveedores para conseguir un crédito extra, en calidad de nuevo cliente, no lo hará popular pero los veteranos acabarán entendiéndolo.
- Si ya está haciendo negocios, considere el descuento de facturas, que en esencia es la obtención de dinero sobre los futuros ingresos, tales como los de un gran pedido. Sigue siendo una forma popular de financiarse que tienen las empresas con deudores o efectos por cobrar sólidos. Del mismo modo, pedir prestado, sobre existencias o inventario, a profesionales que prestan con base en activos, tales como GMAC Financial Services y Burdale Financial Limited, puede proporcionar una línea de financiación donde los bancos tradicionales no le brindarán ayuda.

Recuerde: los equipos sobresalientes con propuestas sólidas encontrarán alguna manera de conseguir dinero, aunque hayan de gastar muchas suelas en el proceso.

Unas palabras sobre el dinero tonto (inversores ocasionales)

Todo el que haya leído un tebeo estará familiarizado con la figura del millonario excéntrico. Ricachón con monóculo y sombrero de copa que aparece en la última viñeta para salvar el día sacando su billetera.

Es obvio que en la vida real no ocurre así, a menos que su negocio sean los restaurantes, el vino, el arte, la música o el cine, en cuyo caso los millonarios excéntricos afloran con divertida frecuencia.

Con los restaurantes, las películas y el vino, parece que hay una inagotable fuente de dinero tonto que siente placer no solo consumiendo el producto final sino también invirtiendo en él. Algunos inversores pueden llegar a extremos insospechados a la hora de emplear su dinero para adquirir un producto que les otorgue un aire de sofisticación o de alto nivel de vida. La gente de negocios curtida suele dejar de lado el sentido común cuando malgasta su dinero invirtiendo en un viñedo de La Toscana o en una colección de ropa promocionada por alguna actriz de moda de Hollywood.

Estoy seguro de que es mucho más fácil ser disciplinado a la hora de considerar la inversión de capital en el sector químico o en materiales de construcción. Pero el romanticismo y el «subidón» de implicarse profesionalmente en los sectores con más encanto parecen echar por tierra todas las objeciones comunes, e incluso los capitalistas más curtidos acaban cometiendo errores de principiante.

Hubo una época en que un tonto y su dinero no duraban mucho tiempo juntos, pero ahora le pasa a todo el mundo.

ADLAI STEVENSON

Los inversores profesionales y los ángeles suelen ser personas exigentes y rigurosas, porque la experiencia les ha enseñado a ser así. A los emprendedores en apuros, podría sonarles maravilloso conseguir el apoyo de un afligido futbolista millonario que no hace demasiadas preguntas —sentiría un gran alivio al librarse de la vigilancia de un inversor ángel implacable—, pero ¡cuidado con lo que se desea…!

Los mejores emprendedores aprenden de sus inversores, de modo que elija uno del que pueda aprender. Un buen inversor aportará, además, una red de contactos a varios niveles y estará en condiciones de ofrecer asesoramiento sobre estrategia, reclutamiento y clientes potenciales. El emprendedor en ciernes puede conseguir un poco de magia simplemente escuchando las necesidades y preocupaciones de sus inversores.

Nadie lo podrá criticar por aceptar el dinero dondequiera que lo encuentre, pero trate, en primer lugar, de conseguir dinero inteligente y no se frustre cuando oiga que un actor está metiendo su dinero en un nuevo restaurante de moda. Por mi experiencia, tanto el actor como el restaurador podrían arrepentirse muy pronto.

Mi conclusión es que si está iniciando un sencillo negocio basado en los servicios y que no necesita una cantidad ingente de capital, debe ejercer de pluriempleado hasta que haya hecho todo lo necesario para demostrar a un inversor ángel que su idea incipiente tiene alas.

Quinta parte
Fórmulas

El problema de dar con un ganador

Se sabe muy poco de cómo se forma un emprendedor. Si los académicos, los inversores, los funcionarios públicos y los políticos estuvieran más familiarizados con la tribu emprendedora, las ganancias del capital se incrementarían y las políticas industriales serían más efectivas.

Sin embargo, después de muchos años de asociarme con una amplia variedad de fundadores de empresas, tengo cierta simpatía por cualquiera que investigue la conducta psicológica del emprendedor. Los fundadores son individualistas por naturaleza y difíciles de analizar. La literatura sobre el asunto no es amplia ni profunda; dada la importancia de los emprendedores para el trabajo y la creación de riqueza, es una omisión onerosa.

Los estudiosos llevan décadas tratando de establecer categorías de emprendedores con el fin de ofrecernos una visión interna de sus motivaciones y de sus probabilidades de éxito. Por ejemplo, Robert Hornaday propuso una sencilla división entre «artesanos», «promotores» y «gestores profesionales». El primer grupo se enorgullece mucho de los aspectos técnicos de sus productos; el segundo reúne a los trapicheros concentrados en hacer dinero; la categoría final tiene un enfoque estructurado de su negocio, y adopta muchos de los hábitos de las grandes corporaciones. Los artesanos son apasionados en lo que se refiere a la calidad, pero a menudo no tienen ambición suficiente. Los promotores carecen de perspectiva a largo plazo. Los gestores profesionales pueden construir a escala, pero también pueden ser muy inflexibles.

Orvis Collins se adelantó a este libro con un estudio que vio la luz a principios de los años sesenta. En *Enterprising Man* (Michigan State University Press, Lansing, Michigan, 1964), él y su colega David Moore escribieron sobre los emprendedores «formados», los que hacían un máster en administración de empresas (MAE); los individuos «de tal palo tal astilla», que heredaban una empresa familiar; y los emprendedores «oportunistas», que aprovechaban las ocasiones convenientes allí donde surgían. También en las obras del investigador Douglas Gray encontramos un amplio catálogo de tipologías, entre las que se cuentan los solistas, los inventores investigadores, los compradores, los especuladores, los creadores de empresas que marcan estilo de vida y los acaparadores de empresas.

En toda la obra de referencia hay cierto grado de confusión entre tipos de personalidad y resultados. Por ejemplo, un «promotor» puede convertirse en un «acaparador de empresas», y un «gestor profesional» podría ser un «comprador» o un «inventor investigador». Todo ello parece bastante académico, en todos los sentidos de la palabra. Lo que más me interesa son las psicologías, los antecedentes y la identificación de ganadores.

Desde luego, las personas reales no encajan en las definiciones teóricas. Por su naturaleza, los emprendedores son «romperreglas» cuyas características no responden a normas establecidas ni a las conjeturas sobre aquello que los inspira. Si se pudiera identificar su magia, sería un asunto sencillo reconocerla y respaldar a futuros triunfadores empresariales.

Cualquier capitalista de riesgo le dirá lo difícil que resulta reconocer por anticipado qué proyectos empresariales se convertirán en grandes aciertos y cuáles están destinados al fracaso.

Me gusta creer que mi valoración de los socios de los proyectos empresariales está mejorando, como debería ser después de décadas intentándolo. Pero no hay garantías. Los temperamentos más admirables pueden sufrir una debacle y hasta los más sólidos llegan a quebrar. He leído listas interminables de lo que debe buscarse y de aquello de lo que hay que guardarse. Pero semejante perfección es imposible en el mundo real; todos tenemos fallos y, sea como sea, ni siquiera los mejores apostarían por lo contrario.

Sin embargo, mantengo un firme punto de vista sobre los emprendedores: los puntos fuertes son más importantes que los puntos débiles. Si usted cuenta con uno o dos talentos notables, pueden llevarlo a la cima a pesar de las deficiencias. Así pues, si es usted un maravilloso vendedor, o un brillante inventor o un formidable seleccionador de personas, podría bastarle, aunque sea un director general deficiente.

No puede decirse que los emprendedores sean personas flemáticas, en general. Al igual que los artistas, los escritores y otros creadores, los emprendedores tienen una misión y una habilidad, y se sienten compelidos a ponerla en marcha cuanto antes. Además, también son atributos necesarios el impulso y la energía, pero a la vez se necesitan la suerte y un ingrediente especial del tipo de los expuestos más arriba.

Aun disponiendo de una base de datos exhaustiva que permita un análisis pormenorizado de cada emprendedor vivo, nadie podría hacer con ello predicciones infalibles. La gran diversidad de personalidades que llegan a la cumbre del éxito empresarial muestra que no hay un solo gen que determine el éxito. Creo que eso debe resultarnos reconfortante.

Cinco preguntas que me hago antes de invertir

¿ES REALMENTE BUENO EL EQUIPO DIRECTIVO?

- La calidad de los directivos de una empresa es la prueba de fuego. Si no me gusta la gente que dirige el espectáculo, me abstengo. Siempre me dejo guiar por mi instinto. Si las tripas me dicen que los operadores son negados, me voy. La dirección debe haber conseguido cosas a lo largo de su carrera. No apoye a locos que no tienen la más remota posibilidad y que continuamente apuestan por un nuevo y descabellado proyecto. Esos tipos perderán su dinero. Busque ganadores que sean obsesivos respecto de su empresa y que puedan demostrar realizaciones en el pasado.
- Asegúrese de que el equipo directivo es honrado. Trabajar con asociados faltos de escrúpulos es una experiencia espantosa. Recuerdo haber puesto cierta suma de dinero en una pequeña empresa de artes gráficas. Por desgracia, tan pronto como yo invertí cayeron las ventas, si bien la empresa siguió utilizando un volumen de papel constante. El impresor estaba haciendo negocios de tapadillo, eludiendo al Fisco y estafándome a mí. Sin tardar un minuto le vendí mis acciones, aunque perdí dinero.
- Los directivos deben tener altos niveles de energía y estar totalmente motivados. Si están enfermos, entonces la empresa está condenada al fracaso; nadie que esté enfermo puede hacer frente a las exigencias de poner en pie una empresa que resulte rentable. Y lo más importante de todo, los directivos deben tener conocimientos y experiencia comerciales, deben saber de tecnología, de clientes, de competidores y de selección de personal.
- Finalmente, muchos de los mejores cuadros directivos tienen gran parte de su capital comprometido en la empresa. La mayoría de los empresarios están motivados, al menos en parte,

por el dinero, y ponerlo en riesgo ayuda a concentrar la mente y el interés de la gestión en dar satisfacción a los accionistas.

¿VA A TRIUNFAR A LO GRANDE ESTA EMPRESA?

- En lugar de bregar en interminables situaciones marginales, busco inversiones que tenga la capacidad de crecer sustancialmente, en las que pueda doblar, triplicar o cuadruplicar mi dinero. Estas son las inversiones que me interesan realmente.
- Desde un punto de vista ideal quiero ver compañías que pueden expandir sus ventas, sus márgenes y sus sucursales. En otras palabras, busco situaciones que generen relaciones de precio/beneficio más altas en el tiempo, que hayan demostrado un crecimiento orgánico importante en ventas y en beneficios.
- Por lo general, ignoro las atractivas y seguras empresas de poca monta con crecimiento limitado. Una cartera de inversiones solo empezará a funcionar realmente cuando encuentre a algunos de los legendarios *ten-baggers* (acciones que rinden diez veces el capital invertido). Esas inversiones permiten obtener excelentes beneficios a pesar de los muchos resultados deprimentes. Tanto Peter Lynch como Warren Buffett —dos de los inversores legendarios de nuestra época— están de acuerdo en que las inversiones a muy largo plazo en las compañías de avanzada producen beneficios por encima de la media. El inversor privado perspicaz se centra en unas cuantas empresas sólidas, persiguiendo a los ganadores y dejando atrás a los perdedores.

¿HAN ENCONTRADO UN NICHO SÓLIDO?

- No es habitual encontrar nuevas empresas británicas de gran tamaño que crezcan rápidamente. Me resulta mucho más fácil identificar oportunidades con gran potencial de crecimiento entre las pequeñas empresas especializadas. Este tipo de empresas deberían contar con ciertas barreras de acceso, ya sea una marca, una patente, contratos, franquicias u otra situación de marca registrada. Lo ideal sería que la empresa fuera única, porque de lo contrario tendría que vérselas con grandes competidores que estarán mejor financiados. En el mundo real, estas empresas deben tener productos o servicios que sean evolutivos más que revolucionarios, ya que pueden pasar varios años antes de que los mercados acepten los cambios radicales. Estos plazos relativamente largos pueden dar lugar a beneficios anuales bajos que no resulten equiparables a los producidos por pequeñas empresas que ofrecen tecnología relacionada adaptada que suele rentabilizarse con mayor rapidez.

¿TIENE VENTAS ACTUALMENTE ESTA EMPRESA... O ESPERA TENERLAS EN EL FUTURO?

- Yo quiero empresas que tengan ventas y puedan vender. Suelo evitar a los emprendedores con maravillosos artefactos sin potencial comercial comprobado. Lo más difícil en el ámbito empresarial para una nueva empresa es levantar las ventas a partir de cero, por eso prefiero apoyar a un emprendedor que entiende el mercado y sabe cómo satisfacerlo. Escapo de los especialistas en I + D que no entienden la importancia de la distribución y de enfrentarse a la competencia.

¿ENTIENDEN DE NÚMEROS LOS DIRECTIVOS? ¿DEBO ENTENDER YO?

- Yo leo toda la información disponible sobre el proyecto de futuro, lo mismo los informes anuales, que los folletos informativos, el plan de negocios, el presupuesto o las cuentas de la dirección. Hay que poder explicar con claridad los hechos clave sobre la rentabilidad, el balance y el circulante de la empresa.

• Es preciso identificar todos los motivos evidentes de preocupación y sentirse cómodo con ellos, o abandonar. Ya aparecerá otro negocio. Si la transacción huele mal, abandono sin que importe cuánto tiempo o esfuerzo haya dedicado a la propuesta.

• Tengo que creerme los números, y saber de qué modo funcionarán para la empresa en cuestión tanto la financiación como los ciclos y los márgenes de liquidez. Solo entonces puedo hacer comparaciones ajustadas con otras oportunidades y tomar la decisión afirmativa o negativa correcta.

Planes empresariales

Paso mucho tiempo estudiando planes de negocio de emprendedores que buscan financiación. Muchos son asombrosos, pero algunos son patéticos. Los que siguen son los peores errores:

• **Las cláusulas agresivas de confidencialidad y una obsesión exagerada por los acuerdos de no divulgación:** Encuentro este tipo de prepotencia de carácter legal muy desalentador, sobre todo en las empresas en ciernes. A menudo se espera que uno acepte términos muy rígidos incluso sin saber nada sobre la propuesta. En estas circunstancias, rechazo de plano el negocio. Si los emprendedores desconfían de mí hasta ese punto, es mejor que busquen financiación en otra parte. Los potenciales restauradores son a menudo los peores… ¿Acaso me molestaría yo, realmente, en robarles la idea?

• **Exceso de documentación técnica:** Los planes de negocio deberían redactarse en términos sencillos, evitando cualquier tipo de jerga y los acrónimos interminables. Deben ser legibles y accesibles, no opacos. Los inventores pueden estar embelesados con su proyecto… y a menudo olvidan que hay otros miles de ellos buscando dinero. Y los promotores con frecuencia se sirven de galimatías para disfrazar una idea que, básicamente, es mala. Si no puedo entender el acuerdo, no me implico en él.

- **Falta de concreción:** Los planes que abarcan demasiado territorio y las empresas que tratan de hacer demasiado de golpe no me atraen. Las ideas de éxito son, en su mayoría, simples y los emprendedores de éxito suelen concentrarse en un mercado finito y en una gama de producto.
- **Valoraciones absurdas:** Como es obvio, las propuestas que son demasiado caras van directamente a la papelera. Esos planes surgen habitualmente de una conclusión de lo más estúpida basada en disparatadas proyecciones de futuro o en comparaciones espurias. En cambio, las valoraciones deberían basarse en estimaciones razonables de lo que los inversores pagarían en realidad. Desde luego, esto significa dejar de lado el simpar Facebook, pero puedo sobrellevarlo.
- **Biografías:** Deberían ser honradas y completas. Son tal vez la parte más importante de toda la propuesta. Yo quiero conocer realmente a los propietarios y a los individuos que harán que las cosas funcionen. Los currículos vagos o breves me resultan sospechosos. Los que importan son los resúmenes de la trayectoria del director ejecutivo y del director de finanzas, porque los nombres relevantes no ejecutivos no pueden compensar la débil dirección ejecutiva que está gestionando en realidad la empresa.
- **Los números:** Esta es una cuestión muy seria. Las necesidades de financiación, los rendimientos estimados y las proyecciones de liquidez deben ser atractivos y suficientemente ambiciosos para que valgan la pena. Nadie va a realizar un gran esfuerzo en un proyecto que nunca llegará muy lejos. Los números deben presentarse en un formato sencillo. No hay que relegarlos al lugar menos visible. Todo el mundo sabe que un presupuesto, sea cual sea, nunca es realista, pero un objetivo por

alcanzar es mejor que nada. El cálculo clave es el umbral de rentabilidad del efectivo; una vez que se haya logrado esa combinación de beneficio y coste, está asegurada la supervivencia, y entonces se puede empezar a construir.

- **Detalles de la competencia:** Todos los emprendedores capaces conocen bien a sus competidores. Si dicen que no los tienen, es que están locos. Un proyecto empresarial sólido abunda en observaciones específicas acerca de sus rivales y explica con convicción por qué su propuesta tiene una auténtica ventaja competitiva.
- **Perfección:** Todas las situaciones tienen un fallo, y si el inversor busca una oportunidad sin inconvenientes, entonces nunca invertirá en nada. Me gustan mucho los acuerdos en los que hay un problema conocido, porque en tal caso puede argumentarse y cabe ajustar el precio para compensar.
- **Apéndices extensos y demasiadas hojas de cálculo:** Seguro que son necesarios para la solicitud de un préstamo, pero los inversores patrimoniales suelen tomar decisiones sobre la base de unos cuantos puntos clave. Todas las pruebas de apoyo y de antecedentes pueden suministrarse más tarde si la propuesta tiene un interés real. No hay que sobrecargar de cebo los anzuelos.
- **Contratar a alguien para que lo redacte:** Se nota cuando los autores de un proyecto son los asesores y no los promotores porque le falta autenticidad. Por supuesto que es necesaria una intervención crítica de los expertos, pero conviene que el primer borrador lo redacte usted mismo.
- **Asegúrese de que se pueda enviar por correo electrónico:** No se fíe del servicio de correos, ni se presente a sus posibles patrocinadores con un gran volumen de papeles. Consiga simplemente su dirección de correo electrónico y envíeles por internet el núcleo de su presentación. Atraiga su atención desde el primer momento y, tal vez, eso le permita llegar a algo.

- **Márgenes, ganancias y rendimientos increíbles:** Los proyectos que sugieren que su empresa alcanzará rápidamente márgenes operativos del treinta y cinco por ciento, retornos sobre el capital del cien por cien y cosas por el estilo no son creíbles. Sea realista y conservador, y es más probable que así lo tomen en serio.

Escribir un plan empresarial estimulante es un arte. Debe dar a un capitalista de riesgo la mejor oportunidad posible de asegurar la financiación, y conviene que se tome la tarea con sumo interés.

Una lista de lo que no debe hacer

Hay un montón de asesores en el mercado que ayudan a las empresas en ciernes: bancos, contables, organismos competentes... Mucho de lo que dicen tiene bastante sentido. Pero pocos de esos mentores lo han puesto en práctica personalmente. De modo que permítame indicarle un puñado de cosas que los emprendedores jamás deben hacer cuando se lanzan de cabeza al autoempleo.

- **No abandone su trabajo.**
- **No alquile un local comercial elegante.** En un primer momento utilice su propia casa o su garaje. Y si tiene que alquilar un local, que sea por poco tiempo, como es el caso de las oficinas con servicios incluidos. En 1975 Bill Gates salió de Harvard y puso en marcha Microsoft en la habitación de un motel de Albuquerque.

  No sea pretencioso: los bajos costes lo son todo.
- **No se desaliente ante la perspectiva de un fracaso.** Muchas grandes compañías se fundaron en épocas difíciles, y a menudo las oportunidades que merecen la pena surgen a pesar de los problemas económicos. Yo tomé el control de PizzaExpress en 1992, cuando Reino Unido estaba en recesión, y eso cambió mi carrera.

• **No gaste dinero en publicidad.** Sobre todo para las empresas en ciernes, los comunicados de prensa son una apuesta mucho mejor. En la actualidad hay tantas oportunidades mediáticas, gracias a la revolución digital, que un nuevo producto o servicio puede lograr cierto grado de cobertura editorial si hace un intento serio. Y los comunicados de prensa no solo son más baratos, sino que la atención editorial tiene un impacto mucho mayor.

• **No contrate costosos asesores.** Adquiera conocimientos básicos de derecho mercantil, contabilidad, bienes raíces, y otros por el estilo. Todos los profesionales de esas áreas le facturarán sustanciosos honorarios por revelarle información que usted puede descubrir sin esfuerzo a través de la red o en manuales para principiantes. Si consigue una comprensión sólida de esas disciplinas, tomará decisiones mucho mejor informadas. Para los asuntos más complejos, como es el caso de un contrato de arrendamiento de más de cien páginas, necesitará asesoramiento; pero cosas tan sencillas como registrar una empresa puede hacerlas usted mismo.

• **No incorpore socios cuando se encuentre en apuros.** Por supuesto que le conviene trabajar con otras personas, pero actúe con cautela antes de asociarse con alguien. Tiene que conocer bien a la otra persona —sus motivaciones, sus ambiciones, su honradez— antes de embarcarse juntos en una aventura empresarial. Gestionar una empresa suele ser un asunto difícil, y las incompatibilidades no tardan en aflorar. En un principio le conviene trabajar en un régimen de asociación a prueba antes de cerrar compromisos firmes.

No deje de pensar que la vida es una aventura. No hay seguridad a menos que pueda vivir con valentía, con emoción, con imaginación; a menos que pueda elegir un desafío en lugar de una competencia.

ELEANOR ROOSEVELT

- **No siga adelante si su esposa o su socio están en contra.** Consiga que apoyen sin reservas sus planes. Es casi imposible tener éxito en la desafiante tarea de poner en pie una nueva empresa si además hay oposición doméstica. Yo me casé bastante tarde, en parte porque no quería que las responsabilidades personales me impidieran asumir riesgos.
- **No se pase con la ambición.** Sueñe con alcanzar las estrellas, ¿por qué no?, pero empiece con unas dimensiones realistas y vaya abarcando espacio. Desarrolle un producto experimental, consiga que funcione, ponga a prueba la idea y, luego, aproveche el tiempo. Siempre habrá problemas inesperados y surgirán obstáculos. Aprenda a superarlos cuando las operaciones son todavía manejables.
- **No sea perezoso ni impaciente con respecto a la investigación y al trabajo en casa.** Conozca su mercado al dedillo. Estudie reiteradamente a sus potenciales clientes y a sus rivales. Aprenda todo lo que pueda de su propio esquema de negocio: costes, aspectos técnicos, necesidades de personal, fijación de precios, comercialización y demás asuntos relacionados. Prepare un plan empresarial exhaustivo, incluso aunque no necesite financiación, simplemente a modo de disciplina.

La excelencia en el servicio

Recuerdo haber pronunciado un discurso en un acto organizado por Walpole, la asociación británica de fabricantes de artículos de lujo. Mantuve una conversación posteriormente con directivos de alto nivel, y estuvimos todos de acuerdo en que no son tanto los productos que se venden los que garantizan el éxito como el servicio que se da a los clientes.

Yo pasé gran parte de mi carrera laboral en el sector de servicios. Mis grandes ganadoras han sido invariablemente las compañías que trataban de captar clientes ofreciendo un servicio sobresaliente, tanto daba que fueran minoristas, como servicios de atención sanitaria privados, de contratación o financieros.

Una atención sobresaliente da lugar a una clientela fiel y dispuesta a recomendar el servicio. Sin embargo, resulta sorprendente comprobar lo malo que es el servicio que se presta en el sector de la hostelería en Reino Unido, incluso en los hoteles y los restaurantes caros. Por eso sigue habiendo magníficas oportunidades en dicho sector, porque hay muchísimos en la competencia que continúan haciéndolo fatal.

Después de todo, ¿qué desea la gente cuando va a cenar o reserva una habitación en un hotel? Una cálida bienvenida, atención rápida y personal competente. Desean que los empleados los reconozcan, si se trata de clientes habituales. Desean coherencia, cortesía y eficiencia. Y desean que cualquier problema se solucione con rapidez y buenas maneras.

Las empresas proyectadas para los servicios pueden llegar a tener éxito; las empresas planificadas para dar beneficios son proclives a fracasar.

NICHOLAS BUTLER

Mi experiencia como propietario de restaurantes clásicos como Le Caprice, The Ivy y J Sheekey es que los comensales podrían considerar importantes la comida, el vino, el precio y la decoración, pero lo que realmente les interesa es de qué manera son tratados como personas. Cuando la gente va a comer fuera de casa, se queja del ruido, de los precios, de la mala comida, de que el local está abarrotado, de la falta de limpieza y de cosas por el estilo; con todo, casi dos tercios de todas las quejas están relacionados con un servicio deficiente.

En PizzaExpress, me aseguraba de leer todas y cada una de las reclamaciones de los clientes.

A menudo, el asunto está en cómo gestionan los directores las dificultades que se les plantean. Los mejores saben que es posible hacer que cambie de opinión hasta al cliente más insatisfecho si se superan sus expectativas. Así pues, si su comida le ha sido servida con retraso, invitémoslo a una copa —o incluso a una comida completa— por cuenta de la casa. Puede que sus críticas se conviertan en recomendaciones: una queja que se maneja bien a menudo proporciona un nuevo cliente.

En teoría, prestar un servicio excelente no debería ser difícil pues los principios son sencillos. Sin embargo, persuadir a los empleados para que ofrezcan un servicio inmejorable en todas las ocasiones… eso sí que es difícil.

El primer paso es contratar gente amable, que sea responsable y a la que le guste el trato con el público.

Cultivar un sentimiento de orgullo en la organización.

Inculcar la idea, desde la dirección hasta el escalafón más bajo, de que lo primero es el cliente.

Pagar bien al personal, y recompensarlo con dinero extra por un rendimiento superior a la media.

Ejercer un fuerte liderazgo, mostrar respeto a los subordinados, y proporcionarles el equipamiento y el apoyo adecuados.

La formación puede ayudar, pero creo que elegir a las personas idóneas a las que les guste su trabajo es esencial.

La cultura tiene mucha importancia. Si bien es cierto que los camareros franceses suelen ser muy profesionales, también lo es que, a menudo, son altaneros… cuando no groseros. Me parece que este tipo de comportamiento tan estirado, demasiado evidente en algunas grandes tiendas de Londres, debe abandonarse. Por otra parte, los estadounidenses son proclives a comprender el auténtico servicio. Yo compro mis camisas en Brooks Brothers de Nueva York porque los dependientes de la tienda me tratan con la mayor solicitud. Están debidamente seleccionados e incentivados. Sin embargo, las veces que he visitado esas tiendas en Londres la experiencia ha sido tremendamente insatisfactoria. De igual modo, creo que la cadena hotelera Four Seasons en Estados Unidos se empeña en proporcionar un alto nivel de servicios. Los niveles de servicio suelen ser mucho más bajos en Reino Unido.

Lo fascinante del caso es que un buen servicio no tiene por qué costarle más a una empresa que un servicio de mala calidad. Es una clarísima manera de que los empresarios ganen terreno a costa de sus competidores sin necesidad de hacer una inversión adicional.

No obstante, se necesita un esfuerzo sostenido y un equipo cualificado. Además, los clientes son cada vez más enérgicos en sus demostraciones de insatisfacción. Gracias a los sitios web tales como Tripadvisor.com y Qype.com, las malas experiencias se comunican para que las lea todo el mundo.

La aproximación relámpago al cliente no es un modelo hotelero sostenible. Tanto si se trata de turismo, como de ventas, de administración o de asistencia al convaleciente, todos los negocios deben prestar un servicio de excelencia si desean prosperar.

Algunas empresas logran prestar un mal servicio y sobrevivir, durante un tiempo, pero ¿querría poner usted su nombre sobre su puerta?

Para ofrecer un servicio como es debido, hay que agregar algo que no se puede comprar ni valorar en dinero, y es la sinceridad y la integridad.

DONALD ADAMS

Por el personal, para el personal

Todas las empresas se equivocan en algunas ocasiones. Me recuerdo sentado, cada vez más deprimido, en un establecimiento que entonces era de mi propiedad, mientras veía cómo una plantilla incompetente trataba mal a un cliente tras otro. No pude soportarlo mucho tiempo antes de intervenir. Sin clientes no hay nada. En esa ocasión, también el personal estaba muy ocupado tratando cuestiones «internas» y no «podía» atender a aquellas personas, las cuales justificaban, precisamente, la existencia de la empresa.

Por casualidad, ese mismo día, tuve que soportar el clásico mal servicio y la altivez del personal de British Airways. Me maravilló que pudiera ser capaz de sobreponerme.

Me temo que, tal como ocurre a menudo, BA se ha convertido en una institución que no busca el beneficio de sus clientes sino el de su personal y sus pensionistas. Y hace ya mucho tiempo que ignora también a sus accionistas. La compañía muestra todas las debilidades de un ex monopolio que se enfrenta a una competencia feroz y a una economía terrible. La tripulación de cabina de British Airways gana mucho más que el personal de las líneas rivales, y BA soporta una carga de pensiones asfixiante que sus competidoras no tienen.

El modelo empresarial de British Airways es muy costoso, y la compañía ha acabado dependiendo de los pasajeros que dejan un margen jugoso en primera clase y en *business class*. Ese flujo de ingresos depende en exceso del ciclo de negocio, cosa que no ocurre en las aerolíneas de bajo coste. BA sigue cobrando los pasajes mucho más caros que los operadores baratos, y lo justifica autodenominándose aerolínea «*full-service*» por más que, según mi experiencia, sus niveles de servicio no son mejores que los de los operadores *low-cost*.

En cualquier situación, los clientes buscan valor por su dinero con independencia del precio del billete, y obviamente rechazarán una oferta cara en pro de otra barata si la calidad es la misma. La dirección de BA está continuamente metida en una guerra de costes, lo cual es comprensible, pero la respuesta del sindicato a ese desafío masivo tiene visos de suicidio industrial: un día sí y otro también amenazan con ir a la huelga, ahuyentando más y más a los clientes.

BA muestra lo fácil que resulta que una organización sea secuestrada por su personal… y acabe mirando más por sí misma que por los clientes.

El Servicio de Correos en Reino Unido (presumo que como en más países) es otro ejemplo. Se trata de un antiguo monopolio que ahora se enfrenta a la competencia en muchos frentes. La tecnología está acabando con la carta tradicional como medio de comunicación a una velocidad alarmante. Cuando todo el mundo cuente con una conexión de banda ancha, la necesidad del servicio tradicional de envíos postales podría muy bien desaparecer definitivamente. Los carteros de The Royal Mail parece que están haciendo un trabajo concienzudo, pero la organización necesita con urgencia modernizar y desterrar los métodos de trabajo arcaicos.

Los eficientes recién llegados y las alternativas de internet significan que el Servicio de Correos tiene ante sí una labor ingente. Su personal cobra más que en el sector privado, su productividad es baja y la organización evidencia un déficit colosal con respecto a las pensiones.

El Servicio de Correos tiene la inmensa suerte de ser propiedad del gobierno y su sindicato aporta fondos a las arcas del Partido Laborista, que le presta alguna protección cuando está en el poder. Pero la cruda realidad del mercado se impondrá tarde o temprano. Una vez más, la respuesta del sindicato a las reformas es la huelga. Siempre que eso ocurre, los usuarios emigran para no volver, con lo que The Royal Mail acabará desangrándose hasta morir.

Incluso las grandes compañías que detentan posiciones de mercado inexpugnables pueden derrumbarse si pierden de vista sus objetivos empresariales.

General Motors tenía la suprema arrogancia de una empresa que concentraba el cuarenta por ciento de las ventas de automóviles en Estados Unidos. Pero consintió los caprichos de sus empleados y de los sindicatos, dejó de conectar con sus clientes y, finalmente, necesitó un rescate de cincuenta mil millones de dólares por parte del gobierno. La desmoralizada y empequeñecida entidad empieza a salir ahora de la bancarrota, pero después de que se haya reducido su participación en el mercado estadounidense hasta un modesto diez por ciento.

El emprendedor emergente tendría que observar a esos gigantes en dificultades y preguntarse cuál sería la lección que puede aprender de ellos: ¿están todas las empresas condenadas a anquilosarse una vez que cuentan con un determinado número de empleados?

Creo que no. Pensemos en John Lewis Partnership, la cadena británica de grandes almacenes y comestibles. Ahí el personal es el auténtico propietario de la empresa, y se comporta como un grupo de capitalistas inteligentes y no como miembros de un empecinado sindicato. Ofrecen un servicio de primera básicamente porque su modelo de propiedad da lugar a un personal que considera que su interés coincide con el de los clientes.

A los independientes siempre les llega su momento

En una ocasión descubrí en Boston una espléndida juguetería que mostraba en sus escaparates un cartel sobre la importancia de las empresas independientes. Aducía que en ellas hay una pasión y un compromiso que las grandes corporaciones no pueden sino envidiar.

Como cliente, simpatizo totalmente con ese punto de vista. El emprendedor en ciernes, que opera teniendo frente a sí a competidores poderosos y corporativos, puede cobrar ánimos con el ejemplo.

Me gusta la singularidad de una organización gestionada por su propietario. Quiero que el empresario al que doy mi apoyo sea una persona, no una entidad sin rostro. Veo a muchos de los fundadores de este tipo de empresas como emprendedores artesanales, que están dispuestos a aplicar esfuerzos sobrehumanos para conseguir que sus creaciones funcionen, para hacer el tipo de producto que desearían tener los entendidos.

Por lo tanto prefiero alojarme en un hotel con encanto antes que en uno de alguna prestigiosa pero anodina cadena, y procuro recurrir a una imprenta familiar siempre que es posible. Prefiero a un panadero especial o una charcutería a la sofocante uniformidad de un gran supermercado. En las empresas gestionadas por el propietario, el tono de la experiencia es mucho más probable que lo establezca la visión de una sola persona, en lugar de una sucesión de niveles de gestión y comités de producto que acaban sorbiéndoles la vida a las ofertas de una gran compañía.

Por desgracia, tanto los proveedores como los inversionistas y muchos otros implicados importantes están orientados hacia las grandes empresas, que les parecen más fiables y merecedoras de crédito. Esto es tanto como ignorar las ventajas de que disfrutan las pequeñas empresas, tales como unos costes centrales bajos y una flexibilidad de la que, por lo regular, carecen las grandes compañías. Las firmas más pequeñas tal vez no tengan capacidad de compra ni una marca conocida, pero no soportan cargas tales como los accionistas públicos ni un fondo de pensiones deficitario.

De cuando en cuando puede que un gerente de banco o un vendedor vean el potencial de una empresa emergente, y den el paso siguiente, que es prestarle ayuda. Lo hacen porque es más emocionante apoyar a una empresa que promete que a una ya consolidada. Y es que a todos nos gustaría poder decir: «Yo apoyé a Microsoft cuando no tenían más que cinco empleados». El absoluto compromiso de un fundador con un inversor a veces puede marcar la diferencia, pues los ejecutivos corporativos rara vez logran ese nivel de implicación y dedicación.

Muchos proyectos más pequeños no pretenden conseguir beneficios desde el principio. Reflejan la personalidad y el ego de sus propietarios, y en algunos aspectos están más cerca de ser empresas sociales que de la estructura comercial clásica. Esto les da amplitud. Las empresas familiares se gestionan a menudo con objetivos paternalistas en mente y a muy largo plazo. Es difícil no sentirse admirado por ese tipo de actitud, y contemplarla como un saludable contrapunto a la situación casi histérica de los informes trimestrales y de la arbitrariedad del precio de las acciones.

Las nuevas ideas suelen florecer mejor en los entornos despreocupados, no en los medios burocráticos, definidos por Balzac como «un mecanismo gigantesco operado por pigmeos». Los libros sobre el fomento de la innovación y la creatividad en las grandes corporaciones no suelen venderse bien, porque nadie necesita comprarlos. Es muy raro que algún empleado de una megacorporación pueda aportar gran cosa para diferenciar un producto, de modo que ¿para qué comprar un libro sobre ello?

Las complicaciones y los conflictos surgen cuando se amplía una empresa a partir de unos modestos inicios para convertirla en algo mucho mayor y con más beneficios. En un principio es un organismo extravagante, íntimo y altamente adaptable. Pero a medida que se expande se produce una tendencia inevitable a que la trayectoria se convierta en algo más prudente y aburrido.

La motivación se diluye gradualmente a medida que la gestión sustituye a la aceptación de riesgos pura y dura. El progreso tiene más que ver con la aplicación que con la aventura. En un primer momento, el dinero suele ser importante más como medio de poner en marcha el proyecto que como un fin en sí mismo. Pero cuando empiezan a intervenir los bancos y los accionistas externos, aumentan las presiones para conseguir un rendimiento, de modo que van desvaneciéndose los rasgos distintivos, que acaban siendo reemplazados por la rutina de los beneficios. Esta es una secuencia casi inevitable.

No hay una respuesta fácil a este acertijo. Algunos eligen seguir siendo pequeños y bien configurados. Otros son más ambiciosos, y se dan cuenta de que para competir y satisfacer las necesidades de su personal necesitan crecer. No hay una tasa de crecimiento que pueda llamarse correcta; lo habitual es que los emprendedores traten de expandirse tan rápido como lo permita la organización, y luego aún más.

Sin embargo, el futuro podría ser de los ágiles independientes y de los autónomos, no de las corporaciones gigantescas.

Las organizaciones enormes y pesadas tales como Citigroup en Estados Unidos y RBS en Reino Unido han demostrado que, a pesar de sus inmensos recursos y de las economías de escala, las grandes compañías pueden cometer errores garrafales. Muchas actividades industriales solo las pueden llevar a cabo esos grupos enormes con abultados recursos: la producción de acero, la fabricación de automóviles, los servicios públicos y otras por el estilo. Pero son pocos los que tienen simpatía por esos aburridos imperios. Su cultura prefiere el conformismo a la perturbación.

La división entre independientes y grandes empresas no tiene que ver con la responsabilidad corporativa ni con la ética. Está más relacionada con la variedad y la tolerancia.

Desde luego, yo creo en el capitalismo del mercado libre y la ambición, pero también me complacen el espíritu, la invención y las agallas que los independientes le echan a todo lo que emprenden. Boxean por encima de su peso en lo tocante a la innovación y al servicio a los clientes, y obligan a los contrincantes de categoría a mejorar su golpe.

En estos tiempos tan imprevisibles, todo nos lleva a creer —pese al implacable avance de la globalización— que los independientes del mundo seguirán prosperando. Un emprendedor en ciernes no temerá que sus propias debilidades pauten el carácter de su empresa; en realidad, nadie quiere comprar los productos de una empresa sin personalidad, y mucho menos trabajar en ella.

Franquicias: lo peor de ambos mundos

Con mucha frecuencia, un grupo empresarial del sector de la restauración del otro lado del Atlántico se pone en contacto conmigo y me pregunta si deseo hacerme con una franquicia de su empresa para el mercado británico. Siempre declino la oferta, después de estudiar a conciencia su modo de operar para aprender cuanto me es posible. He llegado a la conclusión de que es muy poco lo que se puede patentar en el sector de la alimentación. Diseño, menús, temas: todo eso se puede copiar con facilidad y legalmente. Si tuviera la tentación de poner en marcha una nueva cadena de restaurantes, lo haría por mi cuenta y riesgo. Puedo inventar mi propia marca y mis recetas, ¿por qué pagar a alguien que, en realidad, necesita mi experiencia en cuanto a las propiedades y a las personas más de lo que yo necesito su licencia de marca?

Pero si nos referimos a los sectores en los que hay protección de tecnología y patentes, entonces sí que tiene sus ventajas hacerse con una licencia. Importar una invención, o conseguir los derechos para realizarla, podría muy bien ahorrar un gasto descomunal en I+D. Siempre es mejor tener la propiedad intelectual, pero si eso resulta demasiado caro, demasiado incierto o llevará mucho tiempo conseguirla, convertirse en su distribuidor puede tener más sentido económico. Si se adquiere la licencia de un nombre global —a menudo las grandes celebridades y los personajes de dibujos animados muy conocidos se prestan sorprendentemente bien—, entonces de acuerdo. Una empresa conjunta es una solución todavía mejor, pues de ese modo el dueño de los derechos tiene un interés todavía mayor en asegurarse el éxito del proyecto.

Los hay que querrían hacernos creer que una franquicia es lo mejor del mundo porque nos ofrece la fuerza de una marca junto con la libertad de ser nuestro propio jefe. El sector de las franquicias tiene éxitos evidentes; casi todos los Subway, McDonald's, 7-Eleven y Dunkin' Donuts son una franquicia, en la que la marca está explotada por propietarios privados. Sin embargo, pensemos en el ambiente de esos establecimientos. ¿Se percibe en ellos el rumor de una empresa regentada por su propio dueño, o tal vez el personal emite un sonido como el de las pequeñas ruedas dentadas de una máquina gigantesca?

Con demasiada frecuencia, una franquicia combina la claustrofobia de la vida corporativa con todos los riesgos de gestionar la propia empresa.

Hace algunos años me senté en el consejo de administración de la British Franchise Association, y me volví ligeramente escéptico respecto al sector. Para las empresas en ciernes puede tener cierta lógica el pago de derechos por una marca consolidada con una cartera de clientes y un formato empresarial que no puede reproducirse fácilmente. Pero en muchos casos el franquiciado acaba recibiendo el sustento justo para vivir, mientras que el franquiciador recibe unos espléndidos derechos sin invertir capital alguno ni correr riesgos.

En general, aconsejaría a los nuevos emprendedores que eviten firmar una franquicia a menos que tengan la impresión de que es muy especial. Por desgracia, la mayoría de los formatos del mercado son de baja calidad, y los hay que no son sino una estafa. Existen innumerables revistas, ferias comerciales y sitios web centrados en la venta de franquicias, y eso tal vez sea una llamada de atención. Son muchísimas las destinadas exclusivamente a ser vendidas, pero que nunca han sido probadas por sus propietarios.

Ante todo, si usted opta por «alquilar» la idea de otra persona, con todas las restricciones que ello conlleva, sepa que no controlará su propio destino, lo cual es parte de la satisfacción de ser el jefe de uno mismo.

El orgullo de la propiedad es una motivación importante para la mayoría de los emprendedores, y ese elemento se minimiza si uno entra a formar parte de un sistema de franquicias. Puede que se encuentre con que se le pone freno al crecimiento, y es casi seguro que recibirá una cantidad mermada de dinero por su empresa cuando la ponga a la venta.

Tenga la máxima cautela si le ofrecen una franquicia relativamente opaca y de segunda mano. Es probable que el vendedor haya descubierto que el sistema no funciona, y cabe la posibilidad de que usted tenga las mismas dificultades si la adquiere.

De modo que le recomiendo que empiece desde cero y que ponga su propio nombre sobre la entrada o bien que compre, directamente, el nombre acreditado de otra persona.

Sexta parte

El ciclo

Cambio de rumbo y destrucción creativa

Todas las empresas y todos los sectores están sometidos a los ciclos, y se ven afectados tanto por los períodos de prosperidad como por los de recesión, en mayor o menos medida. Está en la naturaleza humana alcanzar la cumbre y también hundirse hasta el fondo; esa montaña rusa es la esencia de la vida. Y aún diría más: en mi caso, prefiero la compañía de las personas que tienen altibajos de ánimo a la de aquellas que tienen un humor lineal, sin cambios. Esos espíritus apagados me hacen pensar en la tendencia a la entropía, y toda la vida está comprometida en una batalla perpetua para resistirse a ella.

Recuerdo haber dado una charla en la conferencia anual del Institute for Turnaround, un organismo que agrupa a los denominados médicos de empresas, esas figuras —en su mayoría, de perfil bajo— que tratan de salvar a las compañías insolventes. Los comparé con los bomberos municipales, porque entran en las empresas que se están quemando, y comprueban si hay algo que se pueda salvar de las llamas y de convertirse en ceniza. Esas figuras nada sentimentales y casi heroicas desarrollan una actividad frenética cuando la economía está en horas bajas. Su trabajo es revitalizar lo que se pueda salvar y cerrar el resto. Sus historias de recuperación de empresas pueden resultar a la vez inspiradoras y aterradoras.

Mi historia favorita de recuperación contemporánea se centra en los notables logros de Carlos Ghosn, director general y presidente de Renault y de Nissan Motor Company. Ocupó esos puestos en 1999, cuando la empresa perdía dos mil setecientos millones de dólares y acumulaba unas deudas de veintidós mil millones. En el plazo de cinco años había conseguido un aumento de los beneficios hasta los cinco mil millones de dólares y la empresa prácticamente había pagado su deuda. Esa portentosa recuperación fue posible porque cambió por completo el modo en que las corporaciones japonesas hacían las cosas, combinándolo con una dedicación plena al trabajo y mucho sentido común. Todo ello nada complicado, pero siempre difícil de llevar a la práctica.

Cuando la economía se derrumba, son muchas las organizaciones que se vienen abajo. Algunas se hunden rápidamente, otras tal vez necesiten el equivalente de una cirugía a corazón abierto, un procedimiento expeditivo que puede sanearlas o acabar con ellas. Para cierto número de las empresas sometidas a esas operaciones, la experiencia representa una revitalización, nuevas ambiciones y nuevos talentos.

Cuando los tiempos son boyantes y el dinero fluye con facilidad, todos repartimos mal el dinero. Esto nos lleva a malgastarlo y a un ajuste de cuentas final. Del mismo modo que la rueda gira inevitablemente y las condiciones empeoran, también se retrae el crédito, las empresas se hunden y los activos se reciclan. Esta es una secuencia irremediable de acontecimientos. Los simples mortales no podemos resistirnos a la marea de la historia. Los mercados y las bolsas son simples mecanismos que reflejan el temperamento humano.

Ser testigo y partícipe de semejante perturbación puede ser traumático. Consideremos el hundimiento de Lehman Brothers y las ventas forzadas de Merrill Lynch y HBoS. Para el personal, para sus familias, y para otros accionistas, este ejemplo clásico de la «destrucción creativa» de Schumpeter no es, precisamente, algo que se pueda celebrar. Aquí se produce una repentina y sísmica reasignación de recursos. De la noche a la mañana, se destruyen instituciones venerables y surgen otras nuevas, como el ave fénix, para llenar el vacío. Pero este proceso de renovación forma parte de la esencia del capitalismo. Las organizaciones ineficientes y mal dirigidas desaparecen, y otras más productivas surgen.

Nada es permanente, y todas las organizaciones deben reinventarse periódicamente… o morir. El mercado es un gran nivelador. Incluso los poderosos se humillan: «… Todos los imperios se derrumbarán», como canta Tiger Lillies en «The Crack of Doom» [El día del Juicio Final].

Por supuesto que el valor también se destruye en ese violento proceso de reordenación, pero sin esa amenaza ¿qué institución acometería la dolorosa reestructuración que es imprescindible para seguir siendo importante y competitiva?

Muchos sectores que conozco —medios de comunicación, comercio minorista, servicios financieros, ocio— han tenido que adaptarse a un mercado que evoluciona rápidamente. Los bancos han aprendido que no basta con los trucos de la ingeniería financiera. Los comerciantes, los publicistas y los comunicadores comprueban ya que la amenaza de internet es un hecho.

Hay una sensación palpable de urgencia que no estaría presente si la presión no fuera real. La marcha inexorable de la tecnología y la globalización está forzando el paso. Así es como están ocurriendo las cosas; así es como las instituciones y las sociedades progresan y mejoran.

El ciclo no tiene fin, y por eso los emprendedores en ciernes harían muy bien en familiarizarse con las características de cada etapa. Pocos sectores siguen el ciclo con tanta fidelidad como el sector de la restauración.

El ciclo según lo cuentan los restaurantes

Se ha producido una rápida eclosión en el suministro entre las cadenas de restaurantes de comida rápida desde que entré en el capital de PizzaExpress. En Reino Unido, de las operaciones de los *gastro-pubs* a los locales de «comida rápida», la industria de la restauración ha proliferado como los hongos. Entretanto, los costes han subido de manera sensible. Los alquileres y los impuestos, las facturas de servicios públicos, los sueldos y el precio de los alimentos han experimentado un notable incremento, sobre todo en los últimos tiempos.

Los beneficios son menores de lo que solían ser, y no es probable que se vuelva a los días dorados de los años noventa. En esa época un relativo *amateur* como yo podría hacer crecer una empresa y lograr un veinte por ciento de margen unitario y beneficios monetarios muy por encima del treinta y cinco por ciento. No había mucha competencia, los establecimientos estaban razonablemente llenos, los alquileres eran asumibles y la demanda iba en aumento.

Sin embargo, tal como lo requería el ciclo, los beneficios extraordinarios atrajeron cada vez más capital y, por consiguiente, un aumento de la capacidad. El exceso de capacidad, que puede ser una bendición en un momento de auge, resulta letal en una depresión. Durante el empeoramiento de la situación económica el humor de la gente cambia, por eso las comidas en un restaurante se convierten en un gasto opcional mientras que los plazos de la hipoteca no lo son. Todas las sillas vacías en los restaurantes se vuelven una carga cuando a pesar de todo hay que mantener las luces encendidas.

Claro que, como dijo recientemente en el *New York Times* el gurú de los restaurantes Tim Zagat, «la gente tiene que seguir comiendo». Cada restaurador alberga la esperanza de que, dado que comer fuera se ha convertido en un hábito tan arraigado, los clientes sean reacios a abandonarlo. No cabe duda de que los restaurantes de comida rápida y los de categoría media tienen más probabilidades de capear el temporal que los comerciantes minoristas de productos caros tales como las tiendas de muebles, los vendedores de coches, las agencias de viajes o los comercios de electrónica. Además, los negocios de hostelería no han de enfrentarse a la amenaza directa que internet supone para otros, como las tiendas tradicionales, por ejemplo.

Por otra parte, existe la creencia de que en las épocas de penuria la gente quiere distracción y entretenimiento, y tal vez una copa para calmar la ansiedad. Un almuerzo o una cena fuera pueden ofrecer algunas horas de distensión, lejos de las preocupaciones sobre la seguridad en el puesto de trabajo y sobre la marcha de la economía. Y precisamente los que trabajan más duro que nunca para lograr que todo encaje son los que no tienen tiempo para comprar alimentos y cocinarlos en casa.

Sin duda los establecimientos de gran categoría son vulnerables a una reducción de las comidas facturadas como gastos de representación. Esos lugares que dependen de las extravagancias de las empresas siempre pasan apuros cuando empeora la situación económica. Todas las empresas que he conocido recortan esos gastos cuando los tiempos son difíciles, en parte para ahorrar efectivo, y en parte como un gesto acorde con el nuevo clima de austeridad. Entretanto, las personas recorren las tiendas para comparar precios y buscar ofertas. Muchos restaurantes mantienen el nivel de ventas haciendo descuentos, sacrificando márgenes para conservar volúmenes.

El ciclo también pone al descubierto la locura de endeudarse demasiado. Cuando la época es buena, las grandes cadenas de restauración se atreven a realizar compras apalancadas por préstamos a tasas cada vez más altas; en otras palabras, piden prestado más dinero en relación con sus ingresos y beneficios, o son compradas por operadores de capital privado que piden prestado el monto de la compra. Muchas cadenas quedan con un legado de deudas como consecuencia de la vorágine de las fusiones y las adquisiciones.

Internet no va a modificar nuestra forma de mascar chicle.

WARREN BUFFET,
al comprar acciones de Wrigley's en el momento de mayor auge de las puntocom

Si los beneficios se reducen, entonces esos operadores pueden incumplir los compromisos adquiridos con los bancos a cambio de transferirles la propiedad de las empresas. Para algunos propietarios, la amenaza de este tipo de actuaciones provoca recortes de personal e incluso una merma de la calidad de los ingredientes. Esto siempre parece más fácil que aumentar la oferta, al menos a corto plazo, y es sin duda más sencillo que subir los precios en un momento en el que los consumidores tienen, obviamente, menos dinero para gastar.

Podría parecer que una fase descendente del ciclo no resulta alentadora para empresarios-accionistas como yo, pero es solo aparente. Las recesiones ofrecen oportunidades para hacer compras a la baja de empresas saneadas a los operadores que se ven en apuros. Una marea creciente de éxitos en las últimas décadas ha hecho crecer la confianza en los restaurantes, convirtiéndolos en una clase de activos.

Tal vez lo mejor que puede decirse sobre los tiempos difíciles es que siempre separan a los han tenido suerte de los que saben realmente lo que están haciendo. La dirección que gobierna con mano firme un buque sólido, y que tiene una idea diferenciada y realmente válida, puede adquirir acciones de negocios sobreendeudados con una oferta blanda.

Como siempre, el fuerte se hace más fuerte y el débil se queda tirado al borde del camino, si bien nadie permanece en la cumbre para siempre. Así funciona también el ciclo económico, y nunca se detiene.

La gestión en una mala situación económica

En las épocas de bonanza, las reuniones de los consejos tienen un aire autocomplaciente, con asuntos estimulantes como los planes de gastos del capital, adquisiciones, nombramientos y ascensos, nuevos proyectos y presupuestos para el crecimiento. Como es inevitable, los asuntos de la agenda son bastante más sombríos en una depresión económica y a menudo afloran las cosas superfluas.

Recortar o, de lo contrario, cerrar la empresa: no hay nada más desmoralizador para la mayoría de los emprendedores que despedir a parte del personal. Por lo general suele tratarse de sacrificar a unos pocos para salvar a la mayoría. En esa etapa, muchos de los despidos son voluntarios; empleados que cobran las indemnizaciones para jubilarse antes de tiempo, por ejemplo. Pero el procedimiento de consulta estipulado legalmente comporta que el asunto acabe siempre de una manera dolorosa, un caso clásico de interferencia del Estado que no complace a ninguna de las partes. En las épocas de vacas flacas, otro punto que provoca un gran debate mes tras mes son los deudores (también conocidos como pagaderos). ¿Están aumentando los plazos en los que los clientes que pagan lo hacen y hay también muchas deudas que no llegaremos a cobrar? ¿Qué clientes podrían ir a la bancarrota? Si un cliente quiebra, ¿seguimos teniendo la propiedad de los bienes que le hemos suministrado, o hemos perdido nuestras mercancías para siempre?

Hay presión para generar metálico, porque las facilidades que daba hace poco tiempo la banca son un mero recuerdo. Un banco que en el pasado se felicitaba de poder permitir a una empresa operar en descubierto podría insistir, de repente, en que ese negocio tiene que mantenerse fuera de los números rojos mes tras mes, lo cual es imposible para muchos de ellos. En lugar de esperar el envío por correo postal, los proveedores mandan a un mensajero que espere en la recepción la entrega de un cheque. Después de todo, no es posible afrontar el pago de las nóminas con excusas.

> *Cuando las ventas de un negocio crecen por encima de lo habitual, es un error generalizado, tanto entre los grandes comerciantes como entre los pequeños, buscar capital ajeno para hacer frente a la creciente demanda de producción.*
>
> ADAM SMITH

Entretanto, las corporaciones pasan por momentos agónicos para lograr la aprobación de la auditoría de fin de ejercicio. Incluso los gigantes de cualquier sector tienen que luchar con el informe clave de gestión continuada de sus cuentas, que es básicamente una promesa a los accionistas de que, considerados todos los extremos, la empresa puede seguir funcionando los próximos doce meses.

Un socio auditor me habló en una ocasión de una gigantesca empresa con ingentes beneficios que tenía una deuda de más de diez mil millones de libras y que necesitaba la autorización del banco para seguir un año más, y pasado ese plazo el banco no le prometía nada. Cuando llegan los problemas derivados de la alegría del gasto, las grandes empresas no son, en última instancia, muy diferentes del resto de los mortales.

En esas circunstancias, las reuniones del comité de auditoría son largas y tensas porque los auditores no quieren que los demanden si las cosas van rematadamente mal en el plazo de seis meses, y nadie desea que lo procesen por engañar a los accionistas.

Y para los endeudados hay pactos bancarios, promesas que se hacen al banco a cambio de conseguir un préstamo. Los pactos mantienen a los directores financieros en vela. Tengo contactos entre los grandes prestamistas, y me aseguran que varios cientos de prestatarios corporativos incumplen los pactos a la hora de pagar préstamos, especialmente en los sectores tales como el comercio minorista, la construcción y los bienes de capital. Pero los bancos no pueden reclamar todas sus deudas y nombrar administradores, porque el aluvión de insolvencias los aplastaría. En su lugar, los bancos elevan los tipos y cargan mayores comisiones.

> *No es tiempo de reposo ni de indulgencias. Es tiempo de desafíos y fortaleza.*
>
> WINSTON CHURCHILL

Resulta evidente que muchos líderes solo sirven para las buenas épocas. Algunos directores acaban en la calle simplemente porque no son capaces de enfrentarse a los tiempos. Durante una grave recesión, cuando el crecimiento es apenas perceptible y lo único que importa es sobrevivir, su actitud optimista y su negación de la realidad se vuelven claramente peligrosas. Pero ¿quién que tenga talento se resigna a unirse a una empresa que zozobra? Hay montones de personas en busca de trabajo, pero ¿tienen realmente la resistencia y la resolución necesarias para hacerse cargo de la tarea?

En días así, uno casi se siente físicamente abatido por las noticias, y hasta le parece que no hay luz visible al final del túnel. Pero entonces algo pasa. Recuerdo haber padecido una depresión melancólica singular que terminó cuando un lector de mi columna del *Financial Times* me recordó los extraordinarios logros de Alemania y de Japón, naciones en bancarrota reducidas prácticamente a escombros por la derrota en la Segunda Guerra Mundial. Sin embargo, en el plazo de dos décadas se convirtieron en grandes potencias industriales y siguen siendo dos economías dominantes en el mundo. La industriosidad, la inventiva, el trabajo duro y la disciplina les permitieron acceder a una situación de prosperidad a partir del descalabro más absoluto.

No hay nada que las personas no puedan lograr con una dirección adecuada, y con los incentivos y la cultura pertinentes. Las empresas —también las naciones— pueden enfrentarse a las dificultades si están dispuestas a aceptar la gravedad de las amenazas y a realizar cambios para afrontar situaciones de crisis.

El pacto fáustico de una garantía

Juego al tenis en un club de Londres, y un día reconocí en la cancha de al lado a un hombre cuya empresa había quebrado unas semanas atrás, después de haber conseguido un préstamo de miles de millones de libras. Se estaba riendo y parecía relajado. Deduje que, a buen seguro, no debía de haber dado garantía personal alguna a los bancos.

Siguiendo su ejemplo, siempre que tengo ocasión de aconsejar a los futuros emprendedores les recuerdo mi regla de oro: en ningún caso hay que ofrecer una garantía personal a ningún prestamista, y mucho menos jugarse la propia casa. Siempre habrá otras formas de conseguir dinero.

Hago a menudo esta advertencia, y tengo buenas razones para ello, pero siempre hay algunos solicitantes de préstamos que hacen caso omiso del consejo. Se los reconoce fácilmente cuando llega una recesión. Un amigo que trabaja en el sector inmobiliario me explicó que los bancos irlandeses fueron incapaces de obtener de los promotores británicos esos compromisos en el desplome de finales del siglo xx; al parecer, sus clientes propietarios estaban tan escarmentados después del descalabro de principios de los años noventa que aprendieron a no arriesgar todos sus activos a cambio de firmar un trozo de papel. Sin embargo, en Irlanda hubo muchos constructores recién enriquecidos que se pasaron de optimistas y también muchos trapicheros que ofrecían a la ligera garantías personales. Algunos no habían vivido ninguna bancarrota y no se dieron cuenta de que se acercaba la suya. Enseguida se les echaron encima los bancos, como hizo el diablo con Fausto para reclamarle su alma.

Para alguien que está en apuros, ese sencillo compromiso de una garantía personal lo cambia todo.

Las truculentas matemáticas del apalancamiento inverso, combinadas con las deudas con garantía personal, hacen que siempre haya unos cuantos millonarios menos en el círculo de los magnates con un estilo de vida de siete cifras y con unas deudas de ocho. En los mercados emergentes, construir un imperio a menudo implica el empleo de tanta deuda como sea posible. Y dado que en las épocas de auge económico los bancos están dispuestos a prestar a los promotores inmobiliarios enormes sumas casi sin garantías, un promotor valiente puede comprar edificios enteros poniendo apenas una quinta parte del precio de venta.

Sin embargo, si la propiedad ha caído en un tercio o más, nuestro promotor no habrá perdido únicamente su capital; habrá perdido otro quince por ciento del precio total, que le deberá al banco. He oído hablar de tipos que pasaron de un capital neto de quinientos millones de libras a menos que nada en el plazo de dos años.

Estas situaciones son características del mercado inmobiliario, donde endeudarse es una práctica habitual y donde los que entran en la partida no se pueden resistir a tirar los dados una y otra vez. En la mayoría de los casos, según me dijo un experto en reestructuraciones, los bancos se limitan a poner parches sobre las fisuras. A menudo, las organizaciones no se ponen de acuerdo sobre la solución a un problema, y por eso, sencillamente, el que sería un arreglo adecuado se aplaza.

Pero en otros campos, tales como los medios de comunicación digital, las conductas y el clima son diferentes. La financiación de los emprendedores de la red tiene que ver con el capital de riesgo o con el más quintaesenciado capital ángel, donde es raro que deban recurrir a la propia vivienda si las cosas van mal. Conozco a esos tipos, y parecen todos de lo más felices.

Me gusta asistir al Founders Forum, una conferencia anual para emprendedores que siempre presenta a los pioneros de la tecnología europea que han vendido sus empresas por decenas cuando no por cientos de millones. Casi todos tienen menos de cuarenta y cinco años y están levantando su segunda, tercera o incluso cuarta empresa. En cada ocasión arriesgan algún dinero, pero, como es obvio, mantienen la mayor parte de sus beneficios a buen recaudo en un banco del extranjero. La deuda nunca es una salida porque los prestamistas de mayor experiencia se niegan a involucrarse donde no hay seguridad tangible ni tampoco beneficios para pagar los intereses.

Por eso los capitalistas de riesgo no acostumbran a ser una buena fuente de financiación para las pequeñas empresas en ciernes: el capitalista de riesgo medio está interesado en respaldar el Google del futuro. Nadie en el mundo del capital de riesgo tiene sobre sí la amenaza de un funcionario judicial, a pesar de que generan más quiebras que la participación media que les corresponde. Y entretanto, el mundo de la red sigue robando clientes, publicidad y cuota de mercado a los comercios, a los medios de comunicación tradicionales y a muchos otros negocios. Por eso genera una confianza ciega, y hay una considerable cantidad de capital lista para aprovechar las oportunidades.

Dedico buena parte de mi tiempo a elecciones difíciles en sectores estancados, y me resulta refrescante siempre constatar el optimismo todavía aparente en el mundo de la red. Puede que siga por mucho tiempo, y puede que por mucho tiempo también los inversores eviten dar garantías personales.

Una sensación de terror aqueja a los creadores de opinión

Cuando pronuncio conferencias ante grupos de emprendedores, invariablemente me preguntan por qué los medios de comunicación son tan pesimistas. Suelo responder que los periodistas creen que las malas noticias venden. Pero considero que hay que añadir algo, más desesperado y personal, al pesimismo: los periodistas están muertos de miedo porque ven amenazados sus propios medios de vida.

Recuerdo haber asistido a una cena conmemorativa para plumíferos en mi antiguo colegio de Oxford, el Magdalen. Asistieron unos setenta, entre corresponsales extranjeros, editores, documentalistas y reporteros independientes. El tono puede que fuera optimista, pero los discursos estaban cargados de fatalismo. La mayoría de los invitados con los que hablé estaban preocupados tanto por su carrera como por el futuro de la profesión. Auguraban la debacle del sector de los periódicos locales, y el cierre de los diarios y las revistas de mayor tirada a lo largo y ancho de Estados Unidos; consideraban que las emisoras de radio y las cadenas de televisión estaban enfrascadas en una lucha sin cuartel, y veían recortes por todos lados. La recesión económica afecta a la publicidad como nunca lo había hecho.

El verdadero asesino es internet, con su Wikipedia, sus blogs, su Google y todas las demás webs de acceso libre que están aplastando la economía de los medios de comunicación tradicionales. Los grandes del sector tienen que respaldar o equilibrar las operaciones por la red que les dan pérdidas y que están destripando su núcleo escrito o de emisión. Pocos de los actores de los nuevos medios puros financian alguna creación de contenidos. Los ingresos, beneficios, márgenes y dinero contante de casi todos los editores y dueños de medios de comunicación se han hundido con increíble rapidez. Sus modelos empresariales se han venido abajo.

No es extraño que los periodistas estén abatidos. A nadie debería sorprenderle que la mayoría de los artículos y los reportajes sobre economía tengan un sesgo pesimista y depresivo. Los autores están esperando, con toda probabilidad, el despido, cuando no un recorte salarial y una mayor carga de trabajo. La situación me recuerda en gran medida a la que se vivió en los años ochenta, cuando yo trabajaba con los tipógrafos en una agencia de publicidad. Estos artesanos de alta cualificación manejaban el material de base de un anuncio impreso. La ocupación como tal ha desaparecido y ellos también, barridos por el imparable avance de la tecnología.

En cada desplome, puede encontrarse el mismo humor sombrío en bancos y organizaciones financieras. Muchos están saturados de ejecutivos que esperan el despido. Atienden las llamadas telefónicas con una voz impersonal, que informa tímidamente al que llama de que su antiguo contacto ya no trabaja allí. Las primas, los incentivos y los planes de ampliación ya son historia.

No debe sorprendernos que no se realicen muchos préstamos durante una depresión económica: los prestamistas cuentan con poco personal y están desmoralizados. Esa latente sensación de terror se extiende a los analistas, los economistas y otros generadores de opinión empleados en la City londinense y en Wall Street, que ofrecen teorías sobre el futuro de los mercados y las empresas. Y, desde luego, sus puntos de vista acaban siendo deprimentes toda vez que están preocupados por si serán despedidos, por cómo pagarán sus facturas, y se preguntan qué hacer con sus vidas si sus temores se confirman.

Cada empeoramiento de la economía pone al descubierto a los sectores cuya escala y nivel de beneficios son insostenibles, de los que la banca y los medios de comunicación son ejemplos de manual. En los últimos años el sector financiero de Estados Unidos generó más del cuarenta por ciento de todos los beneficios corporativos nacionales. Históricamente, los periódicos, las emisoras de radio y las cadenas de televisión podían operar con márgenes de beneficio de más del veinte por ciento, en su mayor parte flujo de caja libre.

La mayoría de las suculentas oportunidades que surgen de estos trastornos las están aprovechando las empresas de nuevo cuño como Facebook, Groupon y otras. Estas épocas ofrecen ocasiones únicas cuando nuevas empresas, sin los límites de una pesada carga del pasado, pueden reinventar sectores enteros, como se está haciendo en internet con los medios de comunicación. Las empresas jóvenes pueden evolucionar y hacerlo con rapidez, mientras que las grandes compañías avanzan pesadamente y dando tumbos.

No hay remedios sencillos ni rápidos para los males que sobrevienen con los cambios estructurales. Muchos cientos de miles de personas que pierden sus puestos de trabajo se ven obligados a reinventar su vida y encontrar una nueva vocación.

Después de la crisis de 1987, varios financieros que conozco se convirtieron en granjeros, pintores, tenderos, novelistas y filántropos, entre otras ocupaciones. Sospecho que fueron pocos los que se lamentaron del cambio. En ocasiones, este puede ampliar horizontes y conducir a una saludable reordenación de las prioridades.

Cuesta asumir los grandes cambios, pero hay que aceptarlos. La tarea resulta más sencilla para los que creen que siempre habrá nuevas oportunidades, sean cuales sean las dificultades temporales.

El nuevo mantra del consumidor es el valor

El giro más espectacular en el comportamiento del consumidor que se haya visto en cualquier ciclo es el cambio de los bienes de ostentación a los «bienes de valor». Se trata de una migración repentina y masiva. Los consumidores, tanto en su trabajo como en su vida personal, hacen recortes y buscan gangas. Como siempre, las mejores empresas se adaptan a la nueva psicología y las demás languidecen.

En las épocas de prosperidad, casi todas las empresas prefieren pensar en sus productos como «bienes de ostentación». No cabe duda de que siempre habrá clientes dispuestos a pagar un precio extra por artículos de prestigio, buscando obsesivamente la calidad por encima del precio. Pero casi todas las épocas presentarán altibajos, de modo que las empresas —sea cual sea el sector— deben dar paso, de manera inevitable, al mantra del «valor».

Esa acusada tendencia no se da precisamente porque el mundo se esté apretando el cinturón; la sociedad recrimina, tarde o temprano, la ostentación.

Por ese motivo en los banquetes lo elegante es servir cava donde antes se servía champán francés. Dejando de lado otras consideraciones, lo cierto es que me parecen igual de buenos, y me parece que el *champagne* está sobrevalorado por puro esnobismo del consumidor y, claro, por la inteligente comercialización de su producto que llevan a cabo los franceses.

Y del mismo modo que el ciclo cambia para el champán, también lo hace para los negocios de todos los sectores: en tiempos de crisis, los consumidores buscan «lujos» más asequibles.

Siempre pasa algún tiempo antes de que la penuria llegue a las empresas de artículos de lujo. En un principio, todos los vendedores de yates o de coches deportivos, o incluso los casinos, piensan que los ricachones rusos y los jeques árabes los respaldarán, como siempre, y es cierto que durante un tiempo ocurre exactamente así. Pero ya se sabe que las crisis afectan el mercado del petróleo —como se ven afectados todos los demás—, y entonces los plutócratas de los países ricos en recursos naturales deben recortar también sus gastos. Entretanto, las empresas de todas partes reducen salvajemente sus cuentas de gastos y la hospitalidad corporativa, lo que redunda en perjuicio de aquellos de sus proveedores que dependían de tales gastos.

Las empresas del mercado intermedio pueden salir adelante en una depresión económica, pero deben hacer descuentos para sobrevivir. En la cadena de restaurantes Giraffe, que yo presido, calculamos nuestros costes para soportar los puntos de precio más bajo y conservar el margen de beneficio. Los operadores del tipo de Tesco y Wal-Mart promocionan sus propias marcas con descuento y dejan que sean sus proveedores los que aguanten el golpe.

En algunos casos, no se trata de mantener la rentabilidad, sino de seguir siendo solvente. Los sectores tales como el del acero e industrias como la automotriz recortan drásticamente sus precios y sus costes reduciendo la capacidad y despidiendo trabajadores. Solo las que tienen un balance sólido soportan los amplios períodos de recesión de las ventas.

Algunas empresas rebajan sus costes declarándose en quiebra y reapareciendo en condiciones de máxima competitividad, después de haberse beneficiado de la legislación para liberarse de obligaciones tales como deudas, alquileres, contratos, pensiones y otros. Esto dificulta la vida a sus rivales consolidados, y podría parecer que hasta se premia la mala praxis empresarial. Pero es mejor que se produzca un reciclaje de los activos en lugar de que se cierren de manera permanente todas las operaciones, y se produzcan los consiguientes despidos.

Cada vez más servicios buscan la simplificación, a medida que los consumidores compran en internet y se centran en el precio y en lo esencial. A menos que uno sea el operador de bajo coste dominante, esto puede significar una existencia sin beneficios para muchas otras organizaciones, que logran mantenerse al nivel de la competencia pero experimentan un retroceso general.

La caída de la demanda provoca una sobrecapacidad estructural en muchos ámbitos. Cabe la posibilidad de que sea un detonante útil para abrirse camino a través de una necesaria racionalización, pero en la mayoría de los casos «más barato» puede significar peor servicio o menos prestaciones, por ejemplo.

La etiqueta de «orgánico», «ecológico», «comercio justo» y otras por el estilo hacen que los productos sean más caros. Es mucho más fácil mantener la moral alta cuando uno no está preocupado por perder el trabajo, la casa o la empresa.

No desaparece todo lo que nos reporta placer como consumidores. Tal es el caso de lo que yo llamo «complacencia asequible». La asistencia al cine, por ejemplo, sigue siendo numerosa, porque es la oportunidad relativamente barata de salir de noche que nos permite olvidarnos de las penas. En Patisserie Valerie, nuestras tartas proporcionan una sensación de lujo al comprador, y se venden bien en las épocas de depresión financiera. También sentarse frente al televisor sigue teniendo muchos adeptos, a pesar del imparable desarrollo de la banda ancha, porque, claro, es «gratis».

Todas estas muestras de austeridad deben dar paso, finalmente, a otra nueva era de excesos, si bien es casi imposible indicar cuándo se producirá ese momento esperado. Solo sabremos con seguridad que está ahí cuando lo tengamos realmente a la puerta, y entonces los emprendedores que asumen riesgos habrán hecho ya sus movimientos para que el lujo vuelva a tener demanda.

Incluso estas penurias serán cosas extraordinarias sobre las que habrá que volver la vista.

VIRGILIO

La X y la Y en un deterioro de la economía

Se dice que las generaciones X e Y son las más emprendedoras de la historia. Pero ninguna de ellas ha dirigido empresas durante una recesión.

Esta es la época de la economía de servicios. Los emprendedores más jóvenes que conozco están al frente de agencias de marketing, de firmas de diseño de moda, de empresas de contratación, de intermediación financiera, de creación de programas informáticos, de telecomunicaciones. Esas operaciones requieren un capital limitado para funcionar y se enfrentan a un número menor de impedimentos para entrar en los sectores, comparado con los períodos en que mandaba la industria pesada.

Internet ha ayudado a dar rienda suelta a la ambición y a las empresas de una manera que no tiene precedentes. Pero me temo que muchos de estos negocios son estructuras frágiles que no soportan las condiciones adversas.

Para los fundadores que solo han conocido la expansión, las épocas que plantean desafíos obligan a unos inicios difíciles. Les tocará hacer frente a las deudas incobrables cuando los clientes vayan a la quiebra. Van a experimentar por primera vez en décadas la inflación del coste real y tratarán desesperadamente de aplicar aumentos de precio compensatorios, justo en el momento en que es más difícil atraer clientes. Entretanto, los bancos caerán en picado.

A esos emprendedores nunca les ha quitado el sueño que los bancos les denieguen un préstamo. En esas circunstancias adversas, se envejece más deprisa. Todavía recuerdo cómo me deshice de un agente judicial que blandía algo llamado orden de incautación de bienes; quería llevarse hasta el escritorio en el que me hallaba trabajando.

Nadie puede predecir quién tiene la fortaleza suficiente para sobrevivir a la agonía de una grave depresión económica. Hace falta resiliencia —y dinero— para seguir a flote durante dos o tres años de ventas en picado. Mantener la moral alta mientras se elimina lo superfluo y se reestructura la venta mayorista puede acabar incluso con el gerente más avezado.

Pero lo cierto es que las cosas siempre pueden ir a peor. Un íntimo amigo mío regentaba una empresa biomédica en Beirut durante la guerra civil del Líbano de los años ochenta. La moneda se desplomó, los tipos de interés subieron hasta el diecisiete por ciento y el personal tenía que dormir en las instalaciones de la fábrica por miedo a ser abatido por los francotiradores en su trayecto de casa a la empresa. Sin embargo, aguantaron. Eso hace que los problemas diarios de la gestión empresarial parezcan casi triviales.

Por desgracia, la pesada carga de las regulaciones del gobierno —desde la legislación laboral hasta la normativa de higiene y seguridad en el trabajo— significa que las empresas son menos flexibles que en crisis anteriores. Y los rivales extranjeros que soportan costes menores son una seria amenaza. Algunas empresas tienen poco que recortar y están bastante bien preparadas desde el punto de vista operativo; muchas de ellas entrarán directamente en pérdidas si su nivel de ventas cae solo en un veinte por ciento. Las corporaciones consolidadas tendrán beneficios acumulados durante años para soportarlo, pero no así las más pequeñas y las recién llegadas.

En el lado positivo, los niveles de deuda de las empresas de nuevo cuño suelen ser inferiores. En las mayores compras apalancadas, la media de la proporción deuda/capital puede ser de 4 a 1, con unos intereses que a duras penas cubren el líquido circulante. Son los acuerdos altamente apalancados los que acaban quebrando en las épocas difíciles.

Por el contrario, las nuevas empresas serían más adaptables, y cuentan con la pasión y las agallas de su dueño para mantenerlas en marcha. Como suele decirse, el progreso es una cuesta arriba que no tiene fin.

Un inconveniente es solo una aventura considerada erróneamente; una aventura es un inconveniente adecuadamente considerado.

G. K. CHESTERTON

Tejemanejes turbios

En los albores de toda carrera comercial existe un momento de lucidez en el que se descubre el comportamiento poco limpio del mundo de los negocios. Nos damos cuenta de que, cuando se trata de dinero, incluso el tipo más encantador del mundo es capaz de urdir fraudes. Y el engaño salta a la palestra en momentos de recesión.

Perdí la inocencia a los veintiocho años, con la retahíla de fracasos de la empresa que ya he mencionado en el capítulo 1. Un asociado de una auditoría me aseguró que los informes eran precisos y prudentes. No me di cuenta de que el auditor estaba a punto de retirarse, y de que era alguien demasiado cercano al director ejecutivo, por lo que no tenía mucho que perder engañándome. De hecho, las cifras eran falsas; la empresa estuvo a punto de hundirse y perdí mucho dinero. Pero he aprendido de aquella experiencia a ser mucho más escéptico acerca de qué creer y a quién.

Me temo que muchos de los mejores y más experimentados inversores llegan a tener una visión tremendamente cínica de la naturaleza humana. Ya los han timado demasiadas veces. Conozco a un gestor de fondos cuya fe en sus congéneres quedó destruida cuando estalló la burbuja de las empresas puntocom. Muchos directores a los que consideraba sus amigos le habían estado mintiendo todo el tiempo. Cuando las cosas empezaron a ir mal, desaparecieron. Dejó la profesión tras sufrir una crisis nerviosa.

La recesión es el punto del ciclo en el que la verdad se vuelve todavía más prescindible. Ya sea en reuniones de la junta, reuniones anuales de accionistas, entrevistas de trabajo, negociaciones de contrato o tribunales laborales, o como se quieran llamar, la vieja actualidad cederá ante la presión. La ética se ve comprometida por culpa de la desesperación. Las charlas pomposas acerca de los principios morales por parte de voces autorizadas de los medios de comunicación y de la gestión empresarial significan mucho menos si su empresa está al borde de la bancarrota o si uno se enfrenta a la posibilidad de despido.

Una mentira es abominable a los ojos del Señor,
pero una gran ayuda en momentos de dificultad.

ADLAI STEVENSON

Durante la crisis de las hipotecas basura, nos quedamos paralizados ante la destrucción del capitalismo norteamericano mientras observábamos cómo la gente pedía a gritos encontrar a los culpables. La mayor parte de los comentaristas le echaban la culpa a Wall Street. Sin embargo, el epicentro de la destrucción de la riqueza era un mercado de propiedades de alto riesgo que se estaba derrumbando. Y en ese oscuro y catastrófico lugar, sospecho que se contaron más mentiras que las de todos los banqueros juntos.

Resulta inconcebible que los muchos miles de agentes de la propiedad inmobiliaria, especialistas en hipotecas, tasadores, promotores, constructores y demás miembros de la larga y florida guirnalda no estuvieran involucrados. Más aún, los mismos propietarios de las viviendas se mostraron más que dispuestos a participar. Muchos mintieron para conseguir una hipoteca y compraron más casas de las que se podían permitir, quizá pensando que podrían venderlas rápidamente y sacar beneficios (porque el valor de las propiedades inmobiliarias siempre sube, ¿verdad?).

Es probable que hayamos presenciado el mayor fraude financiero de la historia. Las sociedades occidentales son culpables de vivir por encima de sus posibilidades, y el juicio al que nos enfrentamos es una sacudida aleccionadora. Como se suele decir: el enemigo somos nosotros mismos.

Solo los empresarios realmente arriesgados tienen valor para hacer nuevas inversiones en semejante entorno, en una época en la cual lo que de verdad necesita la sociedad para recuperarse es la inversión.

Cuidado con el menudeo de fraudes de poca monta

El economista J. K. Galbraith afirmó que el fraude aumentaba en los mercados alcistas y disminuía durante los períodos de crisis. Tal y como lo expresaba, el «desfalco» aumenta durante las épocas de auge a causa de la laxitud de los controles y se desvanece durante las épocas de depresión.

Los fraudes de dimensiones colosales, como el plan Ponzi de Bernard Madoff, plantean la posibilidad de que Galbraith tenga razón acerca de los desfalcos a gran escala, pero, según mi propia experiencia, cuando se trata de latrocinio a pequeña escala sucede justamente lo contrario.

Una de nuestras cadenas de restaurantes sufrió un inquietante aumento de reclamaciones al seguro. No se debía a que estas operaran con negligencia. Varias de las reclamaciones estaban relacionadas con supuestas caídas sufridas por los trabajadores de los proveedores. Lo más curioso es que en más de un caso la víctima había esperado, al parecer, más de quince meses antes de notificarnos la lesión.

Tras hablar con otras empresas, averiguamos que durante un período de crisis, el negocio hospitalario sufre una plaga de reclamaciones legales por parte de gente que busca obtener dinero gratis. Aunque sin duda algunas son justificadas, estoy seguro de que hay quienes intentan el fraude porque sufren apuros económicos y creen que obtendrán un pellizco sustancioso mediante una reclamación por negligencia.

Por desgracia, las aseguradoras suelen resolver las reclamaciones menores, aunque sean dudosas, únicamente para ahorrarse los honorarios legales y el papeleo administrativo. Pero esta política de comodidad no hace más que animar a otros a intentar la misma estafa.

Del mismo modo, en otro negocio de venta al pormenor que poseo, tuve problemas con diversos robos de grandes sumas de dinero en efectivo en varias de las sucursales, todos llevados a cabo por el personal en plantilla. Pillamos hasta el último de los responsables, pero es bastante deprimente tener que vérselas con la falta de honradez de algunos empleados. Uno se siente hondamente traicionado, en especial cuando el personal de dirección está involucrado. A menudo, lo único que les sucede a los responsables es que pierden su trabajo, aunque se los haya denunciado legalmente.

Como suele suceder con este tipo de comportamientos delictivos, esos incidentes pueden minar la confianza en el lugar de trabajo, y desembocar en suspicacias poco saludables entre dueños y empleados. La respuesta pasa por gestionar concienzudamente sistemas, comprobaciones y cuentas, pero ningún sistema de prevención es perfecto, y los ladronzuelos suelen dar con ingeniosas maneras de saltarse sistemas de seguridad en apariencia infalibles.

Mientras tanto, los «fraudes amistosos» están aumentando rápidamente. Se trata de casos en los que clientes de compra on-line o por correo reclaman de manera ilícita que no se les envió la mercancía, o los destinatarios devuelven la mercancía equivocada para que les hagan un reembolso. El cliente gana un aumento de saldo en su tarjeta de crédito y el vendedor sale perdiendo.

Quienes están al frente de un negocio deben vigilar y responder de manera proporcional. Quizá lo más importante sea evitar volverse paranoico, y seguir creyendo en la honestidad de la mayoría de la gente, sean cuales sean las condiciones.

El momento de pasar a la ofensiva

Así las cosas, ¿qué debe hacerse cuando la recesión merma los ingresos brutos? Lo primero es recortar costes a toda costa, solo para mantener la solvencia. Pero no se puede mantener una mentalidad de supervivencia eternamente por lo que, en algún momento, toda organización debe avanzar… o desaparecer.

En el caso de sectores en retroceso, la única manera de expandirse que encuentra la mayoría de los negocios es ampliar la cuota de mercado.

En el mundo darwiniano del capitalismo, en épocas de recesión muchas de las empresas más débiles abandonan el negocio o lo venden. La prioridad para los ambiciosos es estar al otro lado de esa transacción y hacerse con los clientes del negocio fallido o, sencillamente, comprar sus activos.

Hacerse con la pequeña competencia de inmediato puede contribuir a aumentar su eficiencia en poco tiempo gracias al uso de los productos, contabilidad, recursos informáticos, compras, formación, recursos humanos y de marketing propios en ambas explotaciones. Las gangas de este tipo suelen ser escasas, pero surgen de vez en cuando.

Oportunidades como estas suelen ser el resultado de circunstancias un tanto turbulentas. Las empresas mal gestionadas, con multitud de deudas y mal estructuradas, desgraciadamente acabarán echando el cerrojo, víctimas de la situación adversa. Además, mientras haya escasez de capital, el coste de tales negocios suele ser poco en comparación con el precio que habría requerido en tiempos de bonanza.

Los factores decisivos que contribuyen a que ese tipo de acciones tengan éxito son la habilidad para moverse rápidamente y tener la lógica empresarial de nuestra parte. Hay que ser capaz de integrar cualquier compra y de derivar estas sinergias genuinas de manera eficiente. Extralimitarse para después no cumplir es un error fatal en entornos como los descritos.

Para asumir el riesgo adicional de semejantes maniobras en momentos de temporal económico hay que tener una visión audaz, ya que la precipitación podría conducir a una recesión aún más grave. Además, una gran cantidad de emprendedores han quedado tan maltrechos que han llegado a perder los nervios. Sin embargo, como dijo el general Foch durante la batalla del Marne: «La situación por mi derecha es complicada; por la izquierda se baten en retirada; el centro está cediendo. El momento es excelente... ¡Atacad!».

Las épocas de recesión fuerzan la venta de muchos negocios: empresas agobiadas que han incumplido los acuerdos con el banco o que tienen pérdidas constantes y dueños agotados o insolventes. Edificios, contratos, equipamiento, existencias..., es posible conseguir todo tipo de activos, a veces incluso a cambio de una miseria. Ello otorga a los ganadores más poder para fijar precios, utilizar el apalancamiento operativo y exprimir las economías de escala para obtener beneficios.

No todas las iniciativas de este tipo han de consistir en adquisiciones, ya que también se podrían llevar a cabo otras estrategias, como planes de crecimiento viable, lanzamientos de productos, nuevas contrataciones o grandes desembolsos de capital. Existe una gran disponibilidad de talento humano y propiedades de sobra, pero se necesita un modelo de negocio más eficaz y ganas de trabajar duro para afrontar los desafíos. Nadie dijo que fuera fácil, y es que encontrar y poner en marcha las adquisiciones corporativas adecuadas es todo un arte que requiere una gran dosis de suerte. Aun así, desde luego es mejor que quedarse estancado.

Los tiempos difíciles revelan a los auténticos oportunistas

A estas alturas debería estar claro que no todos los períodos de desaceleración son aciagos. Son un mal necesario del sistema capitalista, ya que se elimina el excedente. Durante las épocas de auge se produce una mala asignación del capital y se gasta en demasía. Todo el mundo se vuelve autocomplaciente y excesivamente confiado. Las deflaciones ayudan a garantizar que los recursos no se malgastan, sino que se utilizan de forma productiva, y las empresas deben adaptarse o cerrar.

> *En la peor de las desventuras siempre está presente la mejor oportunidad para un cambio afortunado.*
>
> EURÍPIDES

Esos son los momentos adecuados para contratar personal, ya que en las épocas de bonanza puede resultar difícil conseguir empleados competentes y los empresarios incluso se ven obligados a ofrecer incentivos para atraerlos. Sin embargo, cuando las cosas se ponen difíciles, el talento es más accesible a medida que van escaseando los puestos vacantes. Además, los trabajadores ya contratados se esfuerzan más, conscientes de que si los despiden podría resultarles complicado conseguir otro empleo.

Por otro lado, la oferta de locales disponibles es mucho más amplia. Recuerdo que de 1993 a 1995 pudimos expandir rápidamente PizzaExpress gracias a la abundancia de locales adecuados para la restauración a precios muy competitivos. La recesión eliminó a la competencia y los propietarios estaban desesperados por conseguir inquilinos.

La desaceleración también obliga a los proveedores a bajar los precios. Durante la burbuja de las puntocom crear una página web resultaba muy caro. En 1999 tuvimos que emplear los beneficios de todo un año de Whittard of Chelsea, la franquicia de té y café, en una tienda on-line, y buena parte del dinero se malempleó. Tres años más tarde, ese tipo de servicios podía contratarse por un tercio de lo que habíamos gastado. La tremenda expansión del comercio electrónico no podría haber tenido lugar sin la ubicuidad de la tecnología a precios competitivos.

Las épocas de recesión conceden más libertad a los diseñadores de políticas. El ínfimo crecimiento económico permite a las autoridades recortar los tipos de interés, y ello ayuda a estimular la creación de crédito. Si la demanda cae, la inflación tiende a caer. Una economía débil puede llegar incluso a persuadir al gobierno de proceder a una desregularización y a rebajar los impuestos a fin de revitalizar la actividad económica.

Así es como afloran las oportunidades en medio de la adversidad. Muchas de las grandes fortunas se han creado en plena recesión. Por ejemplo, en el Londres austero de 1948, Donald Gosling y Ronald Hobbs compraron el cráter que había dejado una bomba en Red Lion Square, en Holborn, y ese fue el inicio de los aparcamientos National Car Parks. Gosling y Hobbs fueron capaces de prever el aumento de la posesión de coches y el consiguiente incremento de la demanda de plazas de aparcamiento. En 1998 vendieron NCP por ochocientos millones de libras, lo cual no está nada mal teniendo en cuenta que la inversión inicial fue de tan solo doscientas libras.

Perder el buen nombre

Uno de los grandes mitos es que el activo más preciado de uno es la reputación, y que una vez perdida ya no se recupera.

Para ser sinceros, a lo largo de mi carrera empresarial he conocido a muchos granujas reformados a quienes ahora se agasaja constantemente. Aunque estuvieran en la ruina, desviaran fondos de las empresas o los expulsaran del consejo por comportamiento insidioso, mientras no hayan sido condenados por genocidio parece que se les puede perdonar todo lo demás.

La manera más directa de restituir la reputación de uno es hacerse inmensamente rico. Es increíble que las grandes sumas de dinero propicien brotes de amnesia entre los mayores banqueros de inversiones, esos que previamente habían vertido las críticas más duras. El éxito es como un imán muy potente. Por poner un ejemplo, resulta sorprendente el número de partidarios que atrajo el oligarca ruso multimillonario Mijaíl Jodorkovski cuando Putin lo procesó judicialmente. ¿Cuántos habían hecho la vista gorda ante su comportamiento en los años noventa con los acreedores y los accionistas menores de la compañía Yukos, de la que era propietario?

Sean cuales sean la ignominia o el descrédito en los que hayamos incurrido, casi siempre está en nuestras manos limpiar nuestra reputación.

FRANÇOIS DE LA ROCHEFOUCAULD

Pero claro, nadie es perfecto ni se libra de equivocarse en sus juicios. Los que asumen riesgos son humanos, y por lo tanto pueden equivocarse. Es algo inherente al género humano. El discurso más popular que suelo dar después de una cena social es el relato de mis peores errores y lo que espero haber aprendido de ellos. Lo hago para crear un contraste con la constante fanfarronería que exhiben tantos de esos emprendedores que gozan de gran fama en la televisión. Aquellos que han caído para después recuperarse son, indefectiblemente, personajes más completos gracias a esa experiencia.

Además del dinero, el tiempo es la otra cura para las «dificultades financieras». El carrusel de los negocios gira con rapidez y, después de unos años, la mayoría de las caras son nuevas: gestores de fondos, analistas, periodistas, empleados de banca, etcétera. En los mercados alcistas, la avaricia se deshace rápidamente de las inquietudes que provoca una historia llena de altibajos y, si se hace la oferta adecuada, los inversores, las entidades crediticias y los animadores pronto estarán haciendo cola.

Mi resurrección empresarial favorita es la de William Durant, el heroico industrial que fundó General Motors en 1908. Construyó un imperio automovilístico en tan solo dos años realizando treinta adquisiciones, pero esa actividad frenética provocó pérdidas y los banqueros lo obligaron a marcharse. Así que renunció y fundó Chevrolet, que tuvo el éxito suficiente para posibilitarle, seis años más tarde, recuperar el control de GM. Era un emprendedor que siempre estaba recortando gastos, pero aun así creó en pocos años lo que rápidamente se convirtió en el negocio más grande del mundo. Si el capitalismo se vuelve tan burocrático y cobarde que no sabe lidiar con aventureros que van por libre y que la han fastidiado unas cuantas veces, entonces estamos perdidos.

En mi opinión, la energía, la inteligencia, la buena salud y la mentalidad emprendedora son más importantes que una reputación aparentemente buena. He conocido a muchas figuras legendarias que siempre llegan precedidas de gran cantidad de recomendaciones y que, demasiado a menudo, resultan ser una decepción, ya que no tienen grandes deseos de trabajar ni de demostrar su valía. También he conocido a decenas de individuos dignos de admiración que han soportado duros golpes en los inicios de su carrera, pero después recuperaron la confianza de quienes apostaron por ellos y, con el tiempo, llegaron a recompensar esa fe con creces.

Hay una frase de George Bernard Shaw que me encanta: «Mi reputación crece con cada fracaso». Lo más importante es seguir trabajando e ignorar las críticas y las ofensas en la medida de lo posible. El talento, la originalidad y la perseverancia suelen conducir al objetivo deseado, sin que importe la reputación.

Ser despedido

Todo el mundo ha sido despedido alguna vez, aunque pocos lo admitan. El resto lo niega, o lo pasa por alto en sus currículos para que estos permanezcan inmaculados. Ser despedido de un trabajo, una cuenta, un proyecto o por un cliente no significa que la vida se detenga; ya surgirán nuevas oportunidades.

A mí me han despedido más de una vez, pero la experiencia tan solo me animó a esforzarme más. Steve Jobs confesó en alguna ocasión: «Que Apple me despidiera es lo mejor que me ha pasado nunca». Tras su marcha, fundó NeXT, después Pixar y por último volvió a Apple, haciéndola alcanzar nuevas cotas de éxito. Para él, perder su puesto en la empresa que había fundado supuso un estímulo para empezar de nuevo.

Lo que no te mata te hace más fuerte.

FRIEDRICH NIETZSCHE

Me siento totalmente identificado. En mi época de analista de bolsa, mi jefe de entonces (que siguió ascendiendo hasta llegar a ser presidente del gigante de los seguros Prudential) no me tuvo en cuenta para un ascenso, aunque no lo culpo. Ser empleado de banca no era lo mío. Poco después me marché y emprendí varios negocios, cosa que nunca he lamentado.

Al principio de mi carrera me despidieron de mi trabajo como ayudante de laboratorio en el hospital Saint Mary, en Paddington. Para ser sinceros, me alegré de marcharme, ya que mi labor consistía en analizar excrementos humanos. Hay veces en las que perder un trabajo puede resultar un alivio.

A pesar de lo fantasiosos que son los programas de telerrealidad, como *The Apprentice*, en la actualidad no se despide a ningún alto directivo. De hecho, siempre firman acuerdos mientras todo el mundo permanece callado, fingiendo que no ha pasado nada. La alternativa puede ser el insufrible proceso en el Juzgado de lo Social, con la cantidad de tiempo desperdiciado que supone, las minutas legales y las frecuentes mentiras descaradas. Mientras tanto, los departamentos de recursos humanos emplean gran parte de su tiempo en imaginar eufemismos para el despido: «conceder carta de libertad», «proceder a una restructuración», «hacer recorte de plantilla», «relevar de sus funciones»... pero no engañan a nadie. Con frecuencia, el verdugo dice que no es nada personal, pero para la víctima siempre lo es. Sin embargo, y a pesar de la humillación, esto siempre puede conducir a una reevaluación sincera de uno mismo.

Una vez cancelé una inversión tras descubrir por qué el director ejecutivo al que habían propuesto había dejado su anterior trabajo después de tan solo dos años. Le pidieron que se marchara por culpa de un problema de «control de la agresividad». Curiosamente, en su plan de negocios no decía ni una palabra. Este tipo de omisiones y reinterpretaciones de la historia son la razón por la que en la actualidad los empresarios utilizan los servicios de un experto para verificar los currículos y las referencias. Equivocarse en una contratación puede resultar increíblemente caro, así que tienen más cuidado que nunca.

De hecho, la contratación de personal y, algunas veces, el despido siempre han sido una realidad en el sector privado, además de un mal necesario si queremos que nuestro sistema siga funcionando. Las empresas sufren constantes vaivenes, y la suerte que corren sus empleados depende del trazado de la montaña rusa que es la economía. Los despidos colectivos pueden parecer muy injustos para los propios afectados, pero en un rescate corporativo la alternativa pasa por una liquidación total, con cierre incluido y toda la plantilla en la calle.

En última instancia, los trabajos que no resultan productivos no suelen ser duraderos y, simplemente, conducen a un mayor sufrimiento más adelante. Los ciudadanos inteligentes saben que los trabajos con todas las de la ley no surgen de la nada para beneficiar a la sociedad en general, sino que son una consecuencia de la necesidad de alguien por crear un negocio que le reporte beneficios.

Además, los trabajos que duran toda la vida suelen ser una trampa. Si se quiere aprender y experimentar todo lo que ofrece este mundo, es necesario cambiar de trabajo cada cierto tiempo y, si la cosa se pone fea, plantearse un cambio de profesión. De otro modo se corre el riesgo de convertirse en alguien al que se infravalora porque todos saben que está ahí. Hay infinitas nuevas vocaciones para quienes no carecen de empuje. De todas formas, cada vez hay más contratistas y autónomos, por la libertad que ello ofrece. Y quizá lo mejor de trabajar para uno mismo es que nadie puede despedirte.

Tengo un conocido cuyo emporio de los transportes se vio reducido a la nada por culpa de la recesión económica. En cuestión de meses el trabajo de veinte años se volatilizó y su empresa fue a la bancarrota por culpa de un descenso de la demanda y la subida de los precios. Así que ahora se queda sentado en su casa, en su sillón de cuero, dándole al vodka desde las once de la mañana, inmerso en el arrepentimiento, el aburrimiento y la autocompasión. Los días se le hacen interminables y desesperantes, y su existencia ha pasado de la actividad frenética a la inmovilidad. Se ha quedado sin dinero, sin confianza en sí mismo y sin energías.

Está claro que el fracaso de un negocio no es una cuestión de vida o muerte, pero para el fundador del mismo puede llegar a ser como perder a un ser querido. Muchas veces es incapaz de volver a creer en sí mismo o de reflotar su carrera. Cada fracaso puede convertirse en una tragedia que causa daños colaterales a la familia, los empleados, los proveedores, etcétera.

¿Deberíamos sentir lástima por un empresario derrotado? Realmente no, ya que hay víctimas por todas partes que lo merecen más. Después de todo, sin la posibilidad de fracaso, los negocios vendrían a ser como un cielo sin infierno. Son conceptos que se complementan.

> *Nuestra cena no la fiamos a la benevolencia del carnicero, el cervecero o el panadero, sino a la preocupación de estos por sus propios intereses. No apelamos a su humanidad, sino a su narcisismo, y jamás les hablamos de nuestras propias necesidades, sino de sus ventajas.*
>
> ADAM SMITH

Todo aquel que funda un negocio sabe que en algún momento puede verse obligado a cerrar. Los que especulan para acumular riquezas deben comprender las consecuencias que tiene perder, pero pocos analizan esa posibilidad, ya que el miedo podría llevarlos a la ruina. Son gente que, por naturaleza, es optimista en su visión de futuro, por lo que no entra en sus esquemas el ser precavidos y evitar los riesgos. Son tremendamente competitivos, y ganar es para ellos la única opción.

Unos cuantos empresarios fueron lo bastante astutos, o afortunados, para hacer caja antes de que la crisis llamara a la puerta. Personajes como Jon Hunt de los agentes inmobiliarios de Foxtons, además de David Wilson de la empresa de construcción de casas Wilson Borden, fueron lo bastante sensatos para darse cuenta de que la época de auge no duraría para siempre y vendieron en el momento oportuno. Fueron lo bastante pragmáticos para dominar cualquier impulso de aferrarse a su creación y optaron por ganar en liquidez. Sabían que incluso los grandes negocios tienen un tope y que en los negocios, como en todo lo demás, lo importante son los tiempos.

No es fácil desempeñar el papel de animadora de empresa cuando la economía está sufriendo un infarto. Aun así, no hay otra opción más que seguir en la brecha y concentrarse en la supervivencia a corto plazo, para poder seguir en pie una vez comienza la etapa de recuperación. La temible mecánica del funcionamiento operativo inverso se aplica constantemente: por cada quince por ciento de bajas en la primera línea, la retaguardia pierde un cincuenta por ciento o más de sus filas.

Hacer recortes nunca es divertido ya que las desagradables decisiones acerca de lo que hay que recortar y a quiénes hay que despedir son desmoralizantes. Mientras tanto, motivar a los empleados puede suponer un esfuerzo titánico si temen por sus puestos de trabajo y ven cómo se los despoja de los incentivos y de las horas extraordinarias.

Es necesaria una gran fortaleza de carácter, además de valentía, para capitanear un barco cuando arrecia el temporal. Además, convencer a unos banqueros nerviosos de que no retiren los apoyos requiere una rara y delicada mezcla de encanto y valor.

También es recomendable intentar mantenerse sano haciendo ejercicio para liberar endorfinas y rebajar el nivel de estrés. Eso y no prestar atención a los medios de comunicación, ya que su incesante bombardeo de malas noticias tan solo puede desanimar a alguien que está intentando luchar contra viento y marea.

Un amigo filósofo me sugirió que las reflexiones de Marco Aurelio podrían ayudar a relativizar las turbulencias económicas. Aurelio fue emperador del Imperio romano durante épocas de plaga, hambruna y guerra, antes de la muerte de su mujer y de su posterior y prolongado exilio mientras rechazaba una horda de bárbaros tras otra.

Durante ese tiempo se mantuvo aparentemente impasible, y sus escritos me recuerdan lo afortunados que somos la mayoría de los seres humanos y en qué medida depende de nosotros conservar la calma en tiempos difíciles. Marco Aurelio escribió: «Eliminada la queja de "me han herido", la herida desaparecerá».

Séptima parte

Los empresarios en general

Los inventores son héroes

La sociedad muestra una actitud curiosa hacia los inventores. A pesar de que, a lo largo de los siglos, su brillantez ha influido en nuestras vidas de infinitas maneras, por lo general no se valoran debidamente sus esfuerzos. Lo cierto es que en Reino Unido es muy habitual caricaturizarlos como cerebritos excéntricos, como Caractacus Potts, el protagonista de la inolvidable película *Chitty Chitty Bang Bang* que creó un coche volador. Como toda paradoja, el hecho resulta ilógico ya que, en mi opinión, quizá sean los más grandes de entre todos los héroes.

Es una verdadera lástima que tanta innovación parezca salir últimamente de equipos anónimos pertenecientes a grandes corporaciones. La idea del progreso tecnológico tenía connotaciones personales en la época de grandes hombres como Nikola Tesla y Thomas Edison. Hoy en día, por el contrario, hay poquísimas figuras que resulten tan inspiradoras, deslumbrantes y dignas de admiración. Es posible que las ideas individuales de una persona no basten para generar un verdadero progreso tecnológico en el siglo XXI.

Aun así, el espíritu de la innovación independiente seguirá fluyendo eternamente. Recomiendo la película de 2008 *Destellos de genio*, que está basada en un artículo (que después se convirtió en libro) de John Seabrook. Cuenta la historia real de Bob Kearns, el profesor universitario que inventó los limpiaparabrisas intermitentes para automóvil. Se lo mostró a la Ford Motor Company en 1969, pero posteriormente hubo de librar una larga batalla legal con ellos, algo que me recuerda ligeramente al caso «Jarndyce y Jarndyce» de la novela de Charles Dickens *Casa desolada*. Kearns tardó veinte años en llegar a un acuerdo —por diez millones doscientos mil dólares, pero el proceso judicial ya había dado al traste con su vida.

Por desgracia, la violación de patentes es una constante en la vida de los inventores. Sir James Dyson, que ideó la aspiradora sin bolsa, refiere en su autobiografía *Against The Odds* (Orion Books, Londres, 1997) las demandas judiciales que entabló contra Hoover y Amway. Si uno quiere ser un inventor de éxito debe conocer la legislación sobre patentes y tener una perseverancia rayana en la obsesión.

El tema de la propiedad intelectual y su protección es controvertido. Muchas industrias, como la farmacéutica, pueden desarrollarse gracias a las leyes que les permiten disfrutar de monopolios temporales para sus productos originales. Por medio de ese complejo sistema, amortizan los enormes gastos en investigación a largo plazo y desarrollo.

Sin embargo, algunos argumentarían que cobrar precios elevados (que a menudo poco tienen que ver con el coste real de la producción) por medicamentos que salvan vidas es inmoral. Es cierto que los jugosos beneficios que obtienen las grandes farmacéuticas en Estados Unidos, por ejemplo, son parte del motivo por el que la sanidad es tan cara en ese país. Aun así, todos nos beneficiamos de sus descubrimientos y de sus fórmulas.

Creo en el libre comercio, pero también opino que los empresarios deberían poder cosechar la justa recompensa por su trabajo.

Por otra parte, está claro que algunos abusan del sistema de patentes para evitar el progreso. Actualmente se registran muchas de ellas, la mayoría de mérito dudoso (en particular en el campo de las patentes de software). Los trolls de patentes abundan (aquellos que archivan «patentes de papel» o «patentes submarino» que no tienen ninguna intención de explotar, sino simplemente usarlas como herramientas para demandar a supuestos infractores). Tanto Research in Motion, creadores de la BlackBerry, como Microsoft, entre otras, han sido víctimas de este tipo de argucias.

A todos los inventores que he conocido los motivaba, fundamentalmente, el deseo de que sus creaciones fueran apreciadas y reconocidas, y no la necesidad de acumular riquezas. Tim Berners-Lee, el hombre que mayor responsabilidad tuvo en la puesta en marcha del World Wide Web, es un clásico ejemplo de este tipo de actitud. Es un modesto académico que, estoy seguro, se ha resistido a incontables y jugosas propuestas que le habrían permitido enriquecerse, pues alega que desarrolló la web para que fuera universal, un recurso público.

Algunos inventores abominan de los contables y los banqueros, ya que aseguran que quienes manejan el dinero no entienden cómo trabaja una mente creativa. Aun así, los inventores deben de tener también un lado práctico que los impulsa a pensar en cómo fabricar cosas nuevas. Los mejores inventores son una mezcla de artista y de ingeniero para tener la capacidad de imaginar un nuevo artefacto y la habilidad de hacerlo realidad.

Necesitamos a los inventores más que nunca si queremos mejorar el mundo. Hay miles de problemas urgentes que requieren una solución, como la cura del Alzheimer o la mejora de las baterías de los coches.

La historia sugiere que la combinación de tecnología, capitalismo y espíritu inventor es, a pesar de las dudas de los más pesimistas, capaz de superar todos los obstáculos.

Cualquier inventor empresario de carácter luchador debería enorgullecerse del noble linaje al que pertenece.

Mujeres inventoras

¿Por qué el noventa y cinco por ciento de las solicitudes de patentes las hacen los hombres? ¿Se les da mejor asumir riesgos? ¿Tienen mentes más prácticas y técnicas? ¿O es que hay barreras culturales que desaniman a las mujeres a la hora de convertirse en inventoras?

Aquellos que aportan nuevas ideas suelen tener que enfrentarse al viejo orden de las cosas y desafiar las convenciones. A lo largo de la historia, los hombres lo han tenido más fácil, y sus instintos de cazadores y exploradores quizá los hayan ayudado en su búsqueda de nuevos artilugios. Sin embargo, las mujeres suelen ser más organizadas y eficientes que los hombres, y el campo de la invención requiere de un enfoque sistemático de los descubrimientos. Por ello no debería sorprendernos que los avances esenciales hayan sido impulsados inicialmente por mujeres, a pesar de los muchos obstáculos que se les presentaban por el camino. Sus historias pueden servir de inspiración para muchos empresarios.

Por sorprendente que parezca, el primer programa informático de negocios lo diseñó una mujer. Grace Hopper estudió matemáticas y trabajaba en la Sperry Corporation cuando desarrolló COBOL, un lenguaje de programación que continúa empleándose en la actualidad. A lo largo de su vida rompió muchas de las barreras que dificultaban el progreso de las mujeres en su lugar de trabajo. Terminó su carrera cuando se retiró como contralmirante de la Marina de Estados Unidos en 1985, a la edad de setenta y nueve años, llegando a ser la persona de más edad en el servicio activo.

La doctora Gertrude Elion fue, posiblemente, la científica más increíble de la era moderna, que siguió los pasos de la insigne Marie Curie. Elion pasó más de veinticinco años en la industria farmacéutica investigando para Burroughs-Wellcome. En ese tiempo, desarrolló el Purinethol, que fue el primer medicamento para la leucemia, y el Imuran, que evitaba el rechazo de los órganos trasplantados. Más tarde, su equipo sintetizó el aciclovir, el principio activo del fármaco para el tratamiento del herpes, más conocido como Zovirax. A lo largo de su fructífera carrera obtuvo cuarenta y cinco patentes, diez doctorados honoríficos y el premio Nobel de medicina en 1988.

Otra exitosa científica industrial fue Patsy Sherman. Trabajaba para 3M y junto con uno de sus colegas inventó el proceso de protección de tejidos Scotchgard. Al igual que ha sucedido con muchos otros descubrimientos, este se produjo por accidente: alguien del laboratorio derramó un nuevo compuesto sobre sus zapatillas deportivas y se dieron cuenta de que el agua no podía penetrar aquel material. Durante siete años aplicaron el método del ensayo y error hasta crear un producto comercial que, por cierto, sigue siendo la marca líder hoy en día.

Como no podía ser de otro modo, también fue una mujer quien inventó el sujetador: la aristócrata neoyorquina Polly Jacob. Patentó un «corpiño sin espalda» en 1914. Era una simple prenda interior formada por dos pañuelos de seda y una cinta de color rosa. Por desgracia para ella, el negocio de la confección le pareció demasiado trabajoso y vendió los derechos a la Warner Corset Company por mil quinientos dólares. Ida Rosenthal, que fundó junto a su marido, William, la Maiden Form Brassiere Company en 1923 con un capital de cuatro mil quinientos dólares, ideó una prenda más parecida al sostén actual. La empresa sigue haciendo negocios hoy en día y se mantiene como una de las más importantes en el sector de la ropa interior.

Como era de esperar, una secretaria inventó el líquido corrector para máquinas de escribir. Bette Nesmith, una madre soltera divorciada, se cansó de reescribir cartas enteras en su trabajo en un banco de Dallas. Por eso en 1951 preparó una botella de pintura blanca para borrar los errores tipográficos. Con el tiempo, llamó a su producto Liquid Paper y lo convirtió en un negocio, que fue creciendo de manera estable a lo largo de las décadas siguientes hasta que la señora Nesmith lo vendió a Gillett, en 1979. Y mientras levantaba su imperio de material de oficina, su hijo Mike triunfó como integrante del grupo de pop The Monkees.

La lista de inventoras ingeniosas continúa. En 1903, Mary Anderson registró la patente del primer limpiaparabrisas, que permaneció más o menos sin cambios hasta las mejoras que Bob Kearns le hizo en los años sesenta. Fue diseñado para poder adaptarlo a los tranvías y que los conductores pudieran quitar la nieve por medios mecánicos para ver mejor. Y en 1951, Marion Donovan patentó el pañal desechable, cuyo prototipo denominó «Boater». Después vendió el negocio por un millón de dólares y siguió promoviendo nuevos inventos.

Estas mujeres contradicen el estereotipo del inventor como cerebrito excéntrico y despistado. Y es que el «empresarialismo» es una religión abierta a la que le importan poco las cortapisas culturales.

Innovación y realidad

La vida es una situación permanente de oposición entre la realidad y los sueños y, aunque los grandes sueños son importantes, la realidad lo es más todavía.

En mi mundo perfecto, yo habría sido un inventor famoso, como Thomas Alva Edison. Haber dado al mundo el fonógrafo y la bombilla, entre otros muchos avances, es un logro increíble. Lo que suelo hacer es mucho menos original, aunque lo disfrute y me sienta orgulloso de ello.

Pero Edison no solo era imaginativo, sino que también era prolífico y trabajador. Era, en esencia, un hombre práctico con los pies en el suelo, una cualidad esencial para hacer de los inventos un producto comercial. Edison dijo: «Las tres cosas fundamentales para lograr algo que merezca la pena son, en primer lugar, trabajo duro; en segundo lugar, perseverancia; en tercer lugar, sentido común». Su actitud realista es un recordatorio de que las ideas por sí mismas no tienen ningún valor, que lo que hay que hacer es aplicarlas.

Está claro que la conveniencia es vital para el inventor empresario, tal y como pone de manifiesto la historia del aire acondicionado. Como invento, el aire acondicionado tiene la misma importancia que cualquier otro avance del siglo pasado. En 1902 el doctor Willis Carrier, un ingeniero recién salido de la Universidad de Cornell y que ganaba tan solo diez dólares por semana, inventó un mecanismo al que llamó «proceso de enfriamiento», para su uso en una imprenta de Brooklyn. Por lo visto, la inspiración le llegó mientras esperaba el tren una noche fría y neblinosa. Patentó su «aparato para analizar el aire» cuatro años después, y creó desde cero toda una industria. Carrier empleó un sistema centrífugo que utilizaba la evaporación de un líquido refrigerante para enfriar y deshumidificar el entorno.

Willis Carrier era el típico hombre de acción norteamericano. Afirmó en cierta ocasión: «Yo solo pesco peces para comer, y solo cazo presas para comer, incluso en el laboratorio». Cabe destacar que el negocio que fundó sigue siendo líder mundial hoy en día, una división de United Technologies Corporation que ingresa once mil millones de dólares en ventas al año. No está mal para un negocio que se puso en marcha en 1915 con treinta y cinco mil dólares de capital.

La conveniencia ha sido siempre mi lema en la industria de la restauración, ya que los restaurantes son un excelente escaparate para los usos y los abusos de la innovación desmedida. Siempre estoy recibiendo planes de negocio de personas que no captan que una fórmula novedosa para un restaurante es fácil de diseñar.

El verdadero reto está en la ejecución y en la perseverancia. Los restaurantes recién abiertos tienen altas probabilidades de fracasar, así que tengo tendencia a apoyar proyectos que ya han sido probados invirtiendo bastante antes de que se vuelvan demasiado populares y caros.

Mis socios y yo nos hicimos con el control de PizzaExpress en un momento en el que la compañía estaba consolidada pero solo tenía doce locales con algunas franquicias. Durante los siete años en que fui presidente, expandimos el negocio enérgicamente, explotando una fórmula fantástica y ampliando la cadena hasta doscientos cincuenta locales. Tuvimos la suerte de hacerlo en el momento justo, cuando Peter Boizot, el brillante fundador, se había enemistado con sus socios y necesitaba sangre nueva y más capital. Para cuando cerramos el trato, Reino Unido estaba saliendo de la recesión, aunque había una amplísima oferta de locales y una gran demanda reprimida por parte de la sociedad para comer en mejores ambientes y probar productos mucho mejores que los que ofrecía la competencia.

Podría parecer que el sector de la restauración no es el más adecuado para un empresario innovador, pero he conocido a varios pioneros ingeniosos en lo que a restaurantes se refiere. Además de Peter Boizot están Alan Yau (Wagamama), Denis Blais (Belgo) y el difunto Bob Payton (My Kinda Town), que fundó el Chicago Rib Shack, y Henry J. Beans.

Cada uno de ellos es (o era) un pensador original, pero ese tipo de hombres se aburren enseguida. Después de abrir unas cuantas sucursales de una marca en particular pierden interés y empiezan a buscar algo más en que ocuparse. En el caso de Belgo y My Kinda Town, mis socios y yo nos hicimos con el control de sus imperios en ciernes y los ampliamos simplemente copiando su trabajo. Habían cometido errores, los habían corregido y habían reducido las probabilidades de fracaso. Sus ofertas ya eran bastante populares, tan solo necesitaban un verdadero planteamiento comercial.

Creé Strada desde cero. Mi experiencia con PizzaExpress me había demostrado que era viable obtener beneficios sustanciosos de la pizza y la cocina italiana. Así que dimos a Strada un toque más auténtico que a PizzaExpress, con hornos de leña, pizzas más grandes y de masa fina y crujiente, además de un menú más amplio que incluía pasta, risotto y platos de carne y pescado a la parrilla. Los precios eran un poco más altos, los ingredientes de mejor calidad y el personal bastante mejor formado.

Nuestro primer local en Battersea no funcionó, pero perseveramos. Seguí el consejo de Ray Kroc, el creador del imperio McDonalds, la cadena de restaurantes más grande del mundo, quien posee una fortuna de miles de millones de dólares. Kroc dijo: «Insistan. Ninguna otra cosa puede sustituir a la perseverancia». Seguimos adelante y Strada empezó a funcionar: hoy en día hay más de cincuenta locales por todo Reino Unido.

Actualmente soy presidente y copropietario de un negocio de restaurantes llamado Giraffe. Mi socio es Russel Joffe, un restaurador veterano que fundó Café Flo en los inicios de su carrera.

Giraffe es un gran ejemplo de la filosofía japonesa *kaizen* a la que ya me he referido. Para cada nueva filial, pensamos en distintas posibilidades de diseño y nos preguntamos constantemente si podemos hacerlo aún mejor. Introducimos nuevos menús de manera regular, somos inquietos y nunca nos damos por satisfechos. Giraffe innova de forma gradual pero constante, con montones de pequeñas variaciones a lo largo del tiempo que acaban dando lugar a cambios generales de manera sistemática.

Esta capacidad de replanteamiento y adaptación a medida que cambian las cosas, y aparecen nuevos competidores, es una virtud de muchas empresas ampliamente conocidas. Channel 4, por ejemplo, tiene ciertas características que le permiten ser innovadora en el ámbito de la televisión y diferenciarse de otras cadenas.

En primer lugar, desde el momento en que fue fundada, la organización ha animado a los empleados a unirse al proyecto unos cuantos años, aportar algunas de sus mejores ideas y, después, abandonar la empresa, ya sea para incorporarse a una cadena rival o para trabajar en una productora. Se percibe esta rotación de talento como algo bueno, y no es una casualidad que tanto la BBC como la ITV hayan contratado a altos ejecutivos que habían sido consejeros delegados de Channel 4.

En segundo lugar, Channel 4 suele trabajar con subcontratas y depende de compañías independientes para hacer su programación, aparte de utilizar varios cientos de proveedores al año (tanto grandes como pequeños) para crear programas rompedores que atraigan a la audiencia. Todos esos cerebros externos trabajan en favor de Channel 4 a fin de crear una televisión sorprendente, inusual e innovadora.

Debido a que el mundo de los negocios tiene tantos intereses enquistados, está claro que la innovación va de la mano del riesgo. Lo que me gusta de los negocios es tener motivos para correr riesgos. Todos los capitalistas corren riesgos calculados, ya que se trata de aceptar que si bien algo podría no funcionar, es preciso intentarlo de todos modos. No hay que evitar tomar decisiones atrevidas o desafiar la ortodoxia, hay que ser original y echarle valor siempre que sea necesario. Si funciona, la gente lo aplaudirá, y si fracasa, al menos se habrá intentado.

> *No tomen parte en el juego de la seguridad, es el más peligroso del mundo.*
>
> SIR HUGH WALPOLE

En la vida todos nos aferramos a una ilusión de certidumbre. Conforta creer que las cosas no pueden fallar, y la tecnología moderna refuerza la creencia de que existe una sociedad libre de errores. A pesar de todo, en realidad todo el mundo sabe que son tonterías. El universo es aleatorio e impredecible, y los que tratan de eliminar lo inesperado están condenados, sin duda, a una existencia llena de ansiedad y de exceso de precaución en la que la creatividad se ve sofocada. Me gusta la máxima de Jong-Yong Jun, el antiguo consejero delegado del exitoso conglomerado surcoreano de empresas Samsung Electronics: «Una cultura de crisis perpetua».

Una de las enfermedades que aquejan a las instituciones es la filosofía de «la seguridad en el número», o en otras palabras, la neurosis de evitar el riesgo a toda costa. Es la creencia de que seguir a la multitud, aunque esté equivocada, evita que critiquen nuestro trabajo. Las juntas y los comités de las empresas pueden llegar a cometer errores increíbles por culpa de la presión del grupo y del deseo de adaptarse (no hay más que fijarse en Northern Rock o en Bear Stearns). Sin embargo, tal y como dijo el general MacArthur: «En este mundo no existe la seguridad, tan solo las oportunidades».

He estudiado las carreras de bastantes grandes empresarios, y todos compartían la creencia de Franklin D. Roosevelt en la «experimentación atrevida y persistente». Y, volviendo con el bueno de Thomas Edison, mientras estaba haciendo cosas como fundar General Electric dijo: «No he fracasado. Simplemente acabo de encontrar diez mil métodos que no funcionan».

Después de todo, lo peor que puede ocurrir al tomar una decisión de producto errónea, es que se pierdan dinero y tiempo, y hay cosas peores que eso.

Hace tiempo viajé a Zimbabue y estando en Harare conocí a un maestro de escuela llamado Henry que se pasaba gran parte del tiempo fotografiando y grabando en secreto las atrocidades que perpetraban los seguidores del presidente Mugabe. Asumió grandes riesgos con la esperanza de que aquellas pruebas pudieran ayudar a mejorar la situación política en ese trágico país. Un mes después de haberlo conocido, Henry fue atacado por los chaquetas verdes de Mugabe y acabó con una pierna rota. Aun así, he sabido que sigue entregado a la causa de la libertad y que no se ha rendido.

Sus acciones son un ejemplo de las palabras de Thornton Wilder: «Sé que todas las cosas buenas y excelentes del mundo están siempre en el filo de la navaja y debemos luchar por ellas». Ese maestro de escuela de Zimbabue está asumiendo riesgos mientras que el resto de nosotros estamos simplemente jugando.

La gente que forma parte de las sociedades occidentales contemporáneas no está ya tan acostumbrada al dolor, la pérdida, el sufrimiento y la muerte como en siglos pasados. En la actualidad disfrutamos de unos niveles de comodidad, buena salud y prosperidad sin precedentes. Los economistas, los políticos y los medios de comunicación realizan oscuras predicciones acerca del declive de Occidente, de la crisis medioambiental, etcétera, pero tales peligros a menudo son más teóricos que reales.

En estos momentos, la revolución digital ha acabado con muchas presunciones muy cómodas, e industrias enteras se han visto abocadas a un proceso de cambios violentos y de incertidumbre. Sin embargo, mientras estos períodos exigen desafíos, también ofrecen emoción a los ambiciosos, comida para los hambrientos y calor en sus estómagos.

La gente no debería permitir jamás que situaciones temporales la cieguen ante las increíbles oportunidades que aguardan a quienes están dispuestos a intentarlo. El bueno de Teddy Roosevelt, uno de mis presidentes norteamericanos favoritos, lo expresó mejor que yo: «Es mucho mejor atreverse a hacer grandes cosas y cosechar gloriosos triunfos, aunque el camino esté lleno de altibajos y fracasos, que juntarse con esas pobres almas que ni disfrutan mucho ni sufren mucho, porque viven en un crepúsculo plomizo que no conoce ni la victoria ni la derrota».

A aquellos empresarios que estarían dispuestos a arriesgarse con un producto innovador les digo:

- Hay que ser prácticos: la realización es más importante que la teoría.
- Se debe involucrar a la juventud en la medida de lo posible: los jóvenes están más dispuestos a cambiar que sus mayores.
- Siempre que tenga sentido, hay que comprender el riesgo y aceptarlo, y no verlo como algo puramente negativo.
- Es necesario permitir influencias externas.
- No hay que ser complaciente, sino inquieto.

Concluiré con una historia que contó John F. Kennedy: Un anciano general francés pidió a su jardinero que plantara un árbol. El jardinero repuso que el árbol crecería muy despacio y no alcanzaría la madurez hasta después de cien años. El general respondió: «En ese caso, no hay tiempo que perder, plante el árbol esta misma tarde».

Todo forma parte de una buena educación

Los empleos a tiempo parcial y los trabajos temporales que tuve en mi juventud fueron una parte vital de mi educación. Tenían una autenticidad de la que ir a clase carecía por completo. Me ayudaron a comprender la importancia de tener una ética del trabajo, de la independencia, y aprendí cuán duras son algunas profesiones. Me preocupa que muy pocos adolescentes del siglo XXI hayan tenido esa experiencia y que, por lo tanto, sean menos completos.

Recuerdo estar sentado en el baño después de mi primer día de trabajo, durante unas vacaciones de Semana Santa a finales de los años setenta. Trabajaba en un pequeño taller de ingeniería, y mi labor consistía en hacer girar varillas de metal en un torno. A las cinco de la tarde de mi primer día, ya tenía las manos llenas de ampollas y en carne viva.

Aunque fui a un colegio público, disfruté de una educación agradable y no había tenido ninguna experiencia con trabajos que exigieran un gran esfuerzo físico. Sin embargo, cuando al finalizar la semana me dieron la paga en metálico, unas cuarenta libras dentro de un sobre marrón con una ventana de celofán, me sentí inmensamente satisfecho de haber ganado todo eso con mi esfuerzo. Me sentía casi rico, y adulto.

Todas las vacaciones de Navidades solía trabajar como cartero temporal en mi pueblo, ayudando a entregar la avalancha de paquetes y de felicitaciones. Eso fue antes de internet y de los teléfonos móviles, así que el Servicio de Correos era más importante que ahora para mantener el contacto. Empezábamos muy temprano, pero por lo general ya habíamos terminado a la hora de comer. Lo peor era la lluvia. En cualquier caso, teníamos que terminar nuestra labor, aunque nos llevara cuatro horas. Acabábamos empapados, y las cartas no estaban muy secas que digamos. Recuerdo que una vez me vi tentado de tirar un montón de ellas, pero me dije que hacerlo sería una delito terrible. Pienso en los carteros que trabajan bajo la lluvia cada vez que paso con el coche por delante de la espléndida oficina de correos de la Octava Avenida de Manhattan, y veo la evocadora inscripción que reza: «Ni la nieve, ni la lluvia, ni el calor ni la oscuridad de la noche evitarán que estos carteros completen con diligencia sus recorridos».

Me di cuenta de que encontrar algo que te guste hacer de lunes a viernes era un ingrediente fundamental para una vida plena. Para mí se convirtió en una misión la búsqueda obsesiva de un trabajo que me permitiera aguardar expectante la mañana de los lunes en vez de temerla.

Cuando estaba en primero de medicina en la universidad, trabajé durante las vacaciones en el hospital Saint Mary de Londres para un eminente profesor que entonces estudiaba la relación entre las enfermedades cardiovasculares y el uso generalizado de la píldora anticonceptiva. Yo era su ayudante de laboratorio (este es el trabajo de analizar excrementos humanos al que me he referido algunas páginas atrás) y mi jefe era un poco tirano. Me ayudó a abandonar mi vocación por la medicina así como mi deseo de trabajar para otros.

En la universidad estuve trabajando como pinchadiscos para una discoteca móvil, haciendo girar los vinilos en todo tipo de eventos, desde fiestas estudiantiles hasta bodas. Una vez adquirí algo de confianza, me compré mis propias mesas de mezclas, y me encantaba la combinación de trabajo duro, poner música, conocer chicas y ganar dinero. Supe que ser empresario era la respuesta a mis dudas profesionales, ya que podía controlar mi propio destino y recibía la recompensa por mis esfuerzos. Con la colaboración de varios socios organizaba fiestas semanales en un club nocturno local. Desde el principio reportó beneficios, y me di cuenta de que llevar un negocio me otorgaba una enorme libertad y estimulaba mi creatividad.

Pienso que los trabajos de vacaciones y los que tuve mientras estudiaba me enseñaron cosas sobre la vida y sobre mí mismo que no podría haber adquirido con la educación formal y académica. Me pregunto cuántos de los hijos de los lectores de este libro tendrán trabajos remunerados mientras estudian. Me temo que no los suficientes.

El buen nombre de una empresa

Paso la mayor parte del tiempo trabajando en la industria del capital inversión, que recibe numerosas críticas debido a sus actividades. Comprende sectores como el de la alimentación y la industria farmacéutica, que durante algún tiempo se han mirado con malos ojos, pero… ¿Este tipo de ataques a su reputación son constructivos o justos?

Por lo general, las empresas no saben explicar adecuadamente qué hacen para contribuir a la sociedad. La economía tradicional aburre a la mayoría de la gente. Se debería hacer algo más con los centros de estudios, los grupos de presión, las oficinas de relaciones públicas y los centros de investigación académica para explicar hasta qué punto nuestro estilo de vida depende de que las empresas nos suministren las mercancías y los servicios que utilizamos cada día. Las distintas organizaciones empresariales cumplen con su parte, pero fallan a la hora de conectar con la imaginación del consumidor o de suscitar el debido interés en torno a los extraordinarios beneficios que el capitalismo brinda a todo el mundo.

Según revelan algunos estudios, la mayoría de los ciudadanos desconfían de las grandes empresas. Aun así, el sector privado paga todos los impuestos, proporciona todos los empleos que generan riqueza y mantiene en funcionamiento el sistema. La industria necesita invertir más en su imagen pública, ya que sin las empresas todo aquello en que nos apoyamos podría desmoronarse.

Muchos líderes de opinión tienen la ingenua visión de que el sector público es moralmente superior al privado, dado que, argumentan, la motivación de los beneficios es indigna. Después de todo, las compañías tienen que justificarse cada día en el mercado, y dependen de que los consumidores sigan comprando sus productos; si estos últimos se sienten timados o estafados y las ventas caen, las empresas se van a pique. Si las entidades de capital inversión, las compañías farmacéuticas, las cadenas de televisión, las fábricas del sector de la alimentación fueran tan terribles, entonces los consumidores acabarían por rechazarlas a todas, porque en un mercado libre siempre hay elección.

Sin embargo, con el Estado no hay mucho donde elegir. No se puede cambiar un organismo como el de Hacienda Tributaria, por ejemplo, así como así. En la mayoría de los países los partidos que tienen opciones de hacerse con el poder pueden contarse con los dedos de una mano, y solo hay elecciones cada cierto período de años. Mientras tanto, los políticos votan en la línea de su partido para mantener sus escaños, salarios, gastos y pensiones. Disfrutan del estatus y del poder, y entienden que es su deber sagrado seguir promulgando leyes. Pero este interminable flujo de legislación tan solo dificulta el camino a las empresas y al progreso.

El avance de la tecnología y el ingenio de las empresas hacen posible que haya disponibles mayor número de cosas y de mejor calidad que nunca, a pesar de las trabas que les pone esa reglamentación innecesaria. La calidad y la variedad de alimentos en nuestros mercados es impresionante, y la idea de que estos resultan menos saludables que en tiempos pasados es ridícula. Del mismo modo, la idea de que hace veinticinco años la televisión era mejor que ahora (eso es algo que escuchaba de vez en cuando en la época en la que estuve en el sector) es un disparate. Si se echa un vistazo a la programación de aquella época, se ve que la oferta era muy limitada y que, además, también entonces había «programas basura».

Principalmente, el mundo de los negocios cree en el futuro y necesita de una actitud optimista.

La inversión y la proliferación de inventos tan solo proceden de aquellos que buscan el progreso. Los empresarios saben que, en general, la vida está mejorando, pero las cadenas de noticias y los sindicatos liberales son otra cosa. Se alimentan del conflicto y de la idea de que todo va a peor. Creen que están sacando la verdad a la luz, y que su misión es impedir que los depredadores de los negocios destruyan nuestro verde y apacible planeta y exploten a los trabajadores oprimidos. La comunidad empresarial debe tomarse esas críticas en serio y ser firme al tratar con los responsables políticos y con los activistas. Las figuras destacadas del mundo de los negocios deberían alzarse y actuar como abogados en campañas a largo plazo para educar al público acerca de la verdadera fuente de nuestra prosperidad.

¿Qué tiene de malo hacer dinero?

Una de las cosas que nunca he alcanzado a comprender es por qué hay ciertas personas que odian tanto al capitalismo. Algo se les escapa.

Desde que cumplí los dieciocho años y me convertí por accidente en cofundador de un negocio, supe que ser empresario era lo más divertido que podía hacerse… vestido. En mi opinión, es la mayor aventura que la vida moderna nos ofrece y, con suerte y trabajo duro, incluso es posible enriquecerse durante el proceso. ¿Qué tiene eso de malo? Aun así, se culpa constantemente al capitalismo de muchos de los males de la vida moderna, desde el calentamiento global hasta la pobreza.

Sigo convencido de que muchas personas inteligentes y ambiciosas adoptarían un modo de vida basado en el trabajo por cuenta propia si se liberaran de todos los condicionamientos culturales y se dieran cuenta de que crear y consolidar una empresa puede ser algo creativo e incluso heroico.

Ser empresario es una vocación, como las bellas artes, la física cuántica o la enseñanza. Pero el esnobismo intelectual, los prejuicios y el poder de las grandes empresas hacen que el capitalismo no suela ganar en las discusiones morales.

Hay muchos líderes de opinión en sitios como el Parlamento Europeo en Bruselas o la Casa Blanca que piensan que en el mundo cada éxito empresarial trae aparejado el fracaso de otro, de manera que el balance potencial es siempre de cero. Los anticapitalistas sugieren que la solución a la desigualdad es la redistribución o, lo que es lo mismo, igualar a la baja.

Churchill comprendió este malestar cuando dijo: «El vicio inherente al capitalismo es la distribución desigual de los beneficios. El beneficio inherente al socialismo es la distribución equitativa de la miseria».

Quienes ostentan el poder suelen olvidar cómo se estimula la inventiva y solo se fijan en lo peor de los mercados. Una intervención de este tipo puede tener un alto precio. Al caso, recuerdo las consecuencias catastróficas e imprevistas del auge de los biocombustibles. ¿Es que las clases políticas, con sus elevados principios, admitirán el error del razonamiento del biocombustible y abandonarán rápidamente los disparatados incentivos que están contribuyendo a la escalada de precios de los alimentos y a la deforestación? Lo dudo.

Una de las cosas fantásticas que tienen los mercados es que se autorregulan estrictamente, ya que las empresas que fallan en el servicio al cliente tarde o temprano se ven superadas por sus competidoras, y se irán a pique mientras sus activos se redistribuyen. Sin embargo, los gobiernos se mueven con lentitud, los ideólogos pueden llegar a ser tozudos y las legislaciones perjudiciales pueden tardar años en corregirse.

La mayoría de la gente se concentra en los riesgos de la libre empresa y tiene miedo de engrosar las listas de los que se hacen a sí mismos. Algunos han aprendido a utilizar el sistema de gobierno y las instituciones como si fuera un juego y disfrutan del poder, de las pensiones y de los beneficios inherentes a su posición en el sector estatal. ¿Por qué deberían animar a que haya más opciones y más competitividad cuando tienen un refugio tan seguro como burócratas, dirigentes sindicales o académicos?

Espero que el simple hecho de que alguien compre este libro quiera decir que ya está emprendiendo negocios por sí mismo... o que se lo plantee. ¡Su país los necesita!

Estrés y riesgo: los secretos de la felicidad

En una ocasión participé en un debate titulado «La buena sociedad: virtudes de un mundo posrecesión». Un par de mis colegas ponentes hicieron hincapié en la importancia de promover la felicidad en vez de la riqueza material como medida real para el progreso humano. Creían que los avances en el producto interior bruto son un modo inferior de alcanzar mayor bienestar, y que un concepto como la «felicidad nacional bruta» debería ser una herramienta mejor. Mientras escuchaba sus definiciones de felicidad, me di cuenta de que no había muchas que coincidieran con mi visión de lo que impulsa a los empresarios.

No hay un arquetipo que reúna las características esenciales del empresario. Sin embargo, es posible identificar ciertos rasgos comunes a casi todos ellos. Son personas muy competitivas; su principal objetivo no es buscar seguridad, sino que persiguen el riesgo activamente, y disfrutan de los futuros retos aunque resulten estresantes. No son jugadores en el sentido estricto de la palabra, pero les gusta el dinamismo y, para tener la oportunidad de ganar, están dispuestos a invertir aun a riesgo de fracasar.

Para muchas otras personas una existencia feliz podría resumirse en el poema de Max Ehrmann titulado «Desiderata», que más o menos define lo opuesto a la vida empresarial: «Camina plácidamente en medio del ruido y la prisa... Sé prudente en tus negocios...», etcétera. Por el contrario, los empresarios son inquietos y activos, derriban empresas y formas de hacer negocios, inventan mejores productos y amenazan el statu quo. Tamaña actividad les fascina porque presenta oportunidades para alterar el orden existente.

Tanta innovación y tanto cambio contrastan vivamente con la idea propugnada por muchos filósofos y escritores, según la cual «felicidad» sería sinónimo de «estabilidad» y de «tranquilidad». Para un empresario inquieto y esforzado, esos objetivos tan simplistas representan aburrimiento.

Quizá una vida relajada sea la respuesta para algunas personas, pero para mí sería mortalmente aburrida. ¿Dónde está el estímulo en una carrera segura? Pocas veces he optado por el camino fácil si la alternativa me ofrecía la posibilidad de algo con más emoción. Según mi punto de vista, conseguir algo novedoso y osado tiene significado, mientras que practicar la meditación no lo tiene.

El economista Richard Layard, que se ha autoproclamado una autoridad en el tema de la felicidad, dice que las políticas públicas deberían desmotivar a los creadores de riquezas con impuestos más elevados, porque exacerban la carrera por el estatus. Pero también sostiene que debemos erradicar las altas tasas de desempleo. Lo que yo sospecho es que esos dos objetivos son intrínsecamente incompatibles. Los empresarios, a pesar de todas sus rivalidades y enfrentamientos, son el motor principal que puede crear empleo. Desanimarlos solo hará que el problema del desempleo empeore.

Una sociedad está condenada a estancarse si rechaza el progreso material, empieza a ver al ser humano como un explotador y adopta una perspectiva fatalista del sistema vigente. ¿Por qué un mundo lleno de expectativas frustradas deliberadamente podría conducir a una mayor satisfacción? Me preocupa que los políticos utilicen la promesa de aumentar nuestra «calidad de vida» en general como falsa bandera con el objetivo de que el Estado sea más intervencionista y más controlador, al margen de aumentar los niveles de redistribución.

La felicidad depende de la independencia y de la libertad, y también de un compromiso vital con el propio oficio de manera productiva. Tengo fe en la humanidad, y aplaudo a los que intentan mejorar su suerte. Para millones de personas, esto implica librar una especie de lucha diaria heroica. Inevitablemente, ello no conducirá a una existencia pacífica, pero ¿por qué deberíamos aceptar con mansedumbre un trabajo penoso y que no nos beneficia?

Un pasatiempo para los muy motivados

Conozco a un inteligente empresario a quien le gusta poner en práctica un pasatiempo muy curioso, que funciona mejor si los participantes son ambiciosos. Les pide que hagan su clasificación personal de las tres motivaciones principales del ser humano, a saber: dinero, poder y reconocimiento. ¿Quizá valoran el dinero por encima del poder y el reconocimiento? El participante debe clasificarlos en orden descendente, y su respuesta le indica cuáles son los pasos que debe dar en su carrera.

La prueba condensa los elementos motivadores vitales de una manera simple pero brillante, eliminando los aspectos secundarios. Lo ingenioso de la selección es su simplicidad, ya que reduce infinidad de complicados tests psicotécnicos a tres únicos factores. Además, me gusta la honestidad de las palabras utilizadas. Al revés que muchos otros cuestionarios, no finge que nuestros deseos son todos dignos, sino que nos pregunta si en el lugar más oscuro de nuestra alma somos predominantemente codiciosos, megalómanos o vanidosos.

Algunos de los que responden intentan desobedecer las reglas añadiendo una cuarta opción como motivación principal, como el deseo de «hacer el bien» o algún falso propósito similar. Sin embargo, ese cuestionario es demasiado despiadado para contemplar pretensiones como esa. Reconoce que las personas buenas, las que realmente creen en las causas nobles por encima de todo, no tienen muchas probabilidades de llegar alto en el mundo de los negocios, de la política, de los medios de comunicación, etcétera. La gente amable se pasa la vida trabajando con los menos privilegiados o algo equivalente, y sospecho que no conoce gente como mi amigo.

Muchos presupondrán que los empresarios siempre responderán que el dinero es su principal motivación. En sus primeros años de lucha, cuando tratan de abrirse paso de algún modo, probablemente eso sea cierto. Además, es más fácil medir la puntuación con el dinero que con el poder o el reconocimiento.

Aun así, mi experiencia me dice que los que trabajan por cuenta propia pondrán «reconocimiento» en primer lugar, sobre todo si ya han hecho algo de dinero. Han descubierto que uno o dos millones más no van a cambiar sus vidas, probablemente, pero que recibir la atención de los medios de comunicación o un cargo en un partido político, por ejemplo, darán una nueva dimensión a su existencia.

Es más, sospecho que muchos ejecutivos de grandes compañías pondrían el dinero en segundo lugar, al menos. No es probable que amasen las riquezas que quizá llegara a reunir el dueño de un negocio privado, pero podrían dirigir un gigantesco imperio y disfrutar de la fama de gestionar una enorme empresa pública. Casi todas las grandes empresas son públicas o propiedad de las instituciones. Cualquiera que luche por llegar a lo más alto de ese tipo de organizaciones debe de estar buscando poder.

Creo que el referido pasatiempo también identifica la omnipresente línea divisoria entre los que desarrollan sus actividades en el sector privado y los que trabajan en el sector público o no lucrativo. Para un empresario privado, el dinero siempre estará en el primer lugar o en el segundo, pero para otro del sector público siempre ocupará el último. Lo cual revela que el materialismo impulsa a todo creador de riquezas. Pero ¿es eso peor que la necesidad de controlar que tanto estimula a los que dirigen la policía, las universidades, los hospitales, los colegios, el gobierno y el ejército?

Hace poco, en una cena, me senté junto a un político bastante entrado en años. Le hice la pregunta de poder/dinero/reconocimiento y él, sin dudar un segundo, puso «poder» la primera de la lista. Si bien me impresionó su franqueza, también me hizo reflexionar acerca de la psicología de alguien, como él, impulsado por el logro de esas metas a hacerse cargo de las vidas de los demás.

Por supuesto, nuestro comportamiento viene determinado por mucho más que esos tres anhelos tan viles. La voluntad de crear, por ejemplo, es un elemento muy importante en la vida de todo artista, y también lo es para muchos creadores de negocios. El orgullo de la invención, de la satisfacción de crear algo, casi como un artesano… creo que es una sensación que va más allá del mero pasatiempo. Pero no suele ser suficiente. Casi siempre la acompaña el deseo de estatus, riqueza o influencia, o quizá de todo ello a la vez.

¿Tiene ese pasatiempo, ese juego, ganadores o perdedores? Si lo analizamos superficialmente, la respuesta es no, porque de lo que se trata es de examinarse a uno mismo. Pero creo que lo importante es la honradez del participante. Aquel que se avergüenza de lo que desea falseará las respuestas, pero los que respondan con el corazón en la mano seguramente darán la impresión de salir victoriosos.

Satisfacer el espíritu

«Dudo que los negocios lleguen jamás a satisfacer el espíritu», fue el comentario de sir Robin Saxby justo después de retirarse como presidente de ARM, la exitosa empresa tecnológica. Es un hombre inteligente que construyó una compañía pionera de ámbito mundial, y aun así parece encontrar insuficientes los principales logros que ha cosechado a lo largo de su carrera. ¿Por qué?

Es posible que sir Robin sea un hombre inquieto que jamás encuentra enriquecedor el trabajo, sea cual sea este. O quizá es que los negocios le parecen demasiado materiales para resultar estimulantes a su intelecto, comparados con una búsqueda más artística o aparentemente altruista como pueden ser la escritura, la enseñanza o la investigación. Pero quizá lo que sucede es que el mundo de los negocios no es especialmente hábil a la hora de justificarse y de recordar a todo el mundo la profunda contribución que hace a nuestra forma de vida... y puede, también, que los líderes empresariales no se sientan demasiado orgullosos de lo que hacen.

No comparto la opinión de que los negocios no pueden satisfacer el espíritu. Creo que ofrecen muchos de los ingredientes esenciales necesarios para una vida fructífera.

En primer lugar, se trata de la libertad. Fundar y dirigir una empresa es la mejor manera de controlar el propio destino y quizá también de cambiar el mundo. En mi opinión, el hecho de querer influir en el entorno es un instinto básico, que ya tenemos en la niñez; tratamos de marcar una diferencia positiva en la sociedad. Poner en marcha una empresa es quizá la manera más eficaz de hacerlo que jamás se haya ideado. ¿Qué puede ser más importante que crear puestos de trabajo? En esencia, un nuevo negocio trata de alterar el orden establecido, de rebelarse contra el statu quo para, de ese modo, conducirnos al progreso. Y me parece que es una misión loable.

Para alguien que procede de un entorno modesto, con una educación mínima, los negocios son una vía excelente a la hora de mejorar su vida y avanzar. A menudo, los empresarios no son gente muy cualificada, y habrían tenido vedado el acceso a profesiones más «nobles» como las de político, juez o profesor universitario, por ejemplo. Quizá sea esa la razón por la que tanta gente perteneciente a la élite intelectual siempre ha mirado por encima del hombro a los que forman parte del mundo empresarial e industrial. Les molesta que en las sociedades capitalistas haya individuos con escasa formación pero con mucha energía capaces de alcanzar posiciones de poder y riqueza solo con esfuerzo.

Puede que el motivo de los beneficios sea lo que ofende a los espíritus más sublimes, pero el beneficio es el lubricante que posibilita el avance. Las empresas poco eficientes que tienen pérdidas constantes sucumben, y pueden hacer estragos en los propietarios, los empleados y los clientes. Pero las empresas productivas tienden a crear un círculo de virtud: hacen las cosas bien, atraen al talento, pagan más, reportan beneficios a los inversores y pueden permitirse lanzar mejores productos. A esto se lo llama progreso.

Actualmente hay demasiados escépticos que piensan que el capitalismo y el consumismo están destruyendo el planeta por culpa del calentamiento global y todo lo demás. Esos escépticos subestiman la habilidad inventiva de los empresarios para encontrar soluciones a tales problemas aparentes. También proponen una especie de *apartheid* al negar a los países en vías de desarrollo el acceso a nuestro nivel de vida.

Otra razón por la que me gusta hacer negocios es porque es algo realista. Si uno se concentra demasiado en sí mismo y en la meditación acerca del sentido de la vida, puede acabar viviendo una existencia llena de tristeza. Forma parte de los negocios tratar con el mundo desde un punto de vista activo, y no vagamente conceptual. La última frase de *The Secrets of Happiness* de Richard Schoch (Profile Books, Londres, 2006) me parece muy acertada: «Nuestra vida se basa en el esfuerzo, y a ese esfuerzo lo llamamos felicidad». Las empresas tratan de esforzarse para tener un futuro mejor, en vez de limitarse a soñarlo. Y sus conquistas también son humanitarias, ya que se ha reducido la mortalidad infantil y ha aumentado la esperanza de vida, además de que se han impulsado incontables avances en cuanto a bienestar material. El capitalismo industrial ha reemplazado a sistemas políticos mucho peores con los que no cabe comparación moral alguna. Prospera dentro de la democracia, donde reina la ley, el libre comercio y el derecho a la propiedad privada. En regímenes totalitarios, tanto de izquierdas como de derechas, la libre empresa se marchita. En especial, en los regímenes más sangrientos de la historia, responsables de unos cincuenta millones de muertes: los estados comunistas de Rusia y de China durante el siglo XX.

Es cierto que en el mundo de los negocios se emplea demasiado tiempo en burocracia, abogados y administración, pero la esencia de los emprendedores es abrirse paso de forma creativa, hacer descubrimientos, lanzar fantásticos productos nuevos, iniciar proyectos empresariales de gran éxito. Los procesos anteriores son necesarios para que esto último funcione. Pero el secreto para hallar satisfacción, tanto en los negocios como en la vida, consiste en implicarse, comprometerse.

Agradecimientos

Me gustaría dar las gracias de manera muy particular a mi asesor, Jason Dunne, quien me ayudó en cada paso del camino con la investigación, la redacción y la edición de este libro. También me gustaría dar las gracias a Ravi Mattu y a Lionel Barber, del *Financial Times*, que me han animado a escribir a lo largo de los años, y antes de ellos a Neil Bennett, el primero en apostar por mí en el *Sunday Telegraph*. Mi asistente, Helen Carnie, me brindó su apoyo y dedicación, tanto para este libro como para las demás áreas de mi trabajo. Le estoy agradecido también a Joel Rickett por encargarme esta obra y por trabajar conmigo para asegurarse de que se publicaría, y a Trevor Horwood por hacer un trabajo de primera con la corrección y la edición del texto. Así mismo, quiero dar las gracias a mis socios en Risk Capital, especialmente a Ben Redmond, por permitir que me tomara algún tiempo al margen de nuestro negocio principal para poder escribir. Y, por supuesto, mi mayor agradecimiento es para mi fantástica esposa, Liza, por ser la mejor compañera que alguien podría desear.

El papel utilizado para la impresión de este libro
ha sido fabricado a partir de madera
procedente de bosques y plantaciones
gestionados con los más altos estándares ambientales,
garantizando una explotación de los recursos
sostenible con el medio ambiente
y beneficiosa para las personas.
Por este motivo, Greenpeace acredita que
este libro cumple los requisitos ambientales y sociales
necesarios para ser considerado
un libro «amigo de los bosques».
El proyecto «Libros amigos de los bosques» promueve
la conservación y el uso sostenible de los bosques,
en especial de los Bosques Primarios,
los últimos bosques vírgenes del planeta.